GÜTERSLOHER
VERLAGSHAUS

Gütersloher Verlagshaus. Dem Leben vertrauen

GottesdienstPraxis
Serie A

Arbeitshilfen für die Gestaltung
der Gottesdienste im Kirchenjahr

Herausgegeben von Erhard Domay

Gütersloher Verlagshaus

GottesdienstPraxis

VI. Perikopenreihe

Band 1: 1. Sonntag im Advent
bis Reminiscere

Gütersloher Verlagshaus

Bibliografische Information der Deutschen Nationalbibliothek
Die Deutsche Nationalbibliothek verzeichnet diese Publikation in der Deutschen Nationalbibliografie; detaillierte bibliografische Daten sind im Internet über http://dnb.d-nb.de abrufbar.

1. Auflage

Umschlagentwurf: Finken & Bumiller, Stuttgart, unter Verwendung des Aquarells No. V von Francesco Clemente, aus: CVIII. Waterclours Adayar 1985, © 1987 Öffentliche Kunstsammlung, Basel.
Satz: Buch-Werkstatt GmbH, Bad Aibling
Druck und Bindung: Těšínska Tiskárna AG, Česky Tešín
Printed in Czech Republic

ISBN 978-3-579-03155-2

www.gtvh.de

Inhalt

1. Sonntag im Advent
An die hebräischen Gemeinden 10,19–25

Andreas Zeuschner

Exegetisch-homiletische Skizze

Der Hebräerbrief ist nicht an eine Einzelgemeinde gerichtet, sondern ein »Wort zur Lage« in einer geistesgeschichtlichen Situation, die durch Müdigkeit, Trägheit, Zweifel gekennzeichnet ist. Die Christen sind »harthörig« geworden, in den Anfängen ihrer Entwicklung steckengeblieben, obwohl sie längst schon viel weiter sein müssten. Der Apostel spendet indessen keinen Trost und kommt den geringen Möglichkeiten seiner Leserinnen und Leser nicht entgegen; vielmehr mutet er ihnen schwer verdauliche Kost zu (vgl. 5,11–14 mit 6,1–2): Der Brief an die Hebräer gehört zu den schwierigsten Texten des Neuen Testamentes. Der Predigttext bildet die Gelenkstelle zwischen dem lehrhaften Teil und dem Anwendungsteil des Briefes: Die Verse 19 bis 21 fassen noch einmal die Lehre zusammen, 22 bis 25 ziehen die praktischen Schlussfolgerungen.

V. 19–21: Die Metaphysik des Hebräerbriefes unterscheidet zwischen dem himmlischen Urbild und dem irdisch-schattenhaften Abbild. Die unsichtbare Welt ist also durchaus real – im Vergleich zur sichtbaren sogar von gesteigerter, ursprünglicher Realität (vgl. 11,1). Der Weg des großen Priesters Christus ist ein Einweihungsweg; die Vulgata verwendet das Wort *initiavit*. Der »Vorhang des Fleisches« scheint sich auf die irdisch-materielle Natur des Menschen zu beziehen, die durchbrochen werden muss, um in den heiligen Bezirk zu gelangen. Der Weg der Nachfolge Christi ist ein kosmischer, der über diese Welt hinausführt in die jenseitige.

V. 22–25: Es gilt nun eine Entscheidung zu treffen oder erneut zu bestätigen und ihr dann auch treu zu bleiben. In Erwartung der herannahenden Krise ist ein schwacher Glaube eine Gefahr, der sich viele Optionen offenhält. Gewissheit, Aufrichtigkeit, Standhaftigkeit sind gefragt. Ebenso gefährlich ist die Vereinzelung: Jede Christin und jeder Christ braucht die Gemeinschaft, hat aber auch eine Verpflichtung gegenüber den anderen. Dabei muss man sich klarmachen, dass die Entscheidungszeit befristet ist.

Predigtidee

In einer kritischen Situation müssen wir eine Entscheidung treffen und bei ihr bleiben. Nur so gewinnen wir Kraft und Orientierung für unseren weiteren Lebensweg.

Predigtthema

Nachfolge Christi.

Vorschlag zur Liturgie

Lieder

EG 1,1+4+5 Macht hoch die Tür
EG 4 Nun komm, der Heiden Heiland
EG 10 Mit Ernst, o Menschenkinder
EG 165,1+4+7+8 Gott ist gegenwärtig
EG 166,1+2+5 Tut mir auf die schöne Pforte
EG 389 Ein reines Herz, Herr, schaff in mir

Gebet

Dank sei dir,
du ewiger Hoherpriester,
du hast für uns gebeten,
dass unser Glaube nicht aufhöre.
Du hast dich für uns geheiligt,
dass auch wir geheiligt seien
in der Wahrheit.
Dank sei dir,

dein heiliges Fürbitten
ist die Macht und die Kraft,
die uns hält und trägt
und in das Herz Gottes hineinbindet
für Zeit und Ewigkeit.
Dank sei dir,
du Hoherpriester.

Aus: Hanna Hümmer: Es ist ein Raum bei mir. Gebete. Christusbruderschaft Selbitz. 2. Aufl. 1984. S. 87

Vorschlag zur Predigt

Möglicher Anfang

Liebe Gemeinde! Der Hebräerbrief ist nicht an eine Einzelgemeinde, wie etwa Korinth oder Rom, gerichtet, sondern man könnte sagen, an die Kirche insgesamt, an die Kirche zu einem bestimmten Zeitpunkt in ihrer Geschichte. Dieser Brief, der eigentlich mehr eine Abhandlung ist, wurde wahrscheinlich in der zweiten oder dritten Generation nach Jesus geschrieben. Es ist eine kritische Zeit, in der sich entscheidet, ob und wie die Geschichte dieser Kirche weitergeht. Denn die Kraft des Anfangs, die urchristliche Begeisterung, ist verebbt. Mystische Erfahrungen, prophetische Eingebungen, wunderbare Heilungen scheinen der Vergangenheit anzugehören. Die ersten Zeugen, die dem Mysterium unmittelbar nahe gewesen waren, sind gestorben. Ein grauer Alltag ist eingekehrt. Zweifel melden sich: Hat mein Glaube überhaupt einen Bezug zur Wirklichkeit, oder bilde ich mir alles nur ein? Auch das Bekenntnis ist unsicher und fragwürdig geworden. Die Versammlungen beginnen sich langsam aufzulösen, die Gemeinden schrumpfen. Man beginnt sich nach anderen Angeboten umzusehen, die religiösen Bedürfnisse zu befriedigen.
Diese Entwicklung mag uns bekannt vorkommen, und in der Tat hat sie sich im historischen Maßstab wiederholt. Seit der Aufklärung, seit zwei-, dreihundert Jahren also, ist die Glaubens- und Gottesgewissheit bei uns mehr und mehr geschwunden. Inzwischen haben sich die westlichen, europäischen Kirchen nahezu vollständig verweltlicht. Ich muss betonen, dass wir hier von Europa reden; denn wir verwechseln leicht die Geschichte Europas mit der Weltgeschichte. Jedoch in Afrika, in China,

in Indien wachsen die Gemeinden zum Teil in hohem Maße. Von der Agonie des christlichen Abendlandes ist man dort weit entfernt.

Woran glauben wir noch? Was ist evangelisch? Was ist christlich? Viele wissen es nicht mehr. Wir sind orientierungslos geworden, auch in Fragen der Moral. Eine Daseinsangst hat sich unserer bemächtigt. Wir müssen uns fragen: Wie tragfähig, wie belastbar ist unser Glaube noch?

Was die Sache noch problematischer macht: Wir scheinen unsere desolate Lage kaum richtig wahrzunehmen.

Zu jeder politischen oder sozialen Frage hat die Kirche ein Wort parat, man weiß manchmal nicht, befindet man sich auf einer Synode oder auf einem Gewerkschaftskongress; und allen Ernstes glauben wir, unsere Probleme mit Hilfe von Unternehmensberatern lösen zu können. Gern führen wir von unserer unklaren, prekären Position aus auch Dialoge mit anderen Kirchen oder Religionen.

Aber setzt das nicht einen sehr viel stärkeren Glauben voraus, als wir ihn haben? Werden wir von unseren politischen und religiösen Gesprächspartnern, vom Islam, vom Papst, vom Dalai Lama überhaupt noch ernst genommen? Und begreifen wir, mit wem wir es bei den Vertretern anderer Religionen in Wirklichkeit zu tun haben? Vom Hebräerbrief können wir lernen, unsere Situation schonungslos ehrlich in den Blick zu nehmen.

Zum weiteren Verlauf

Die kommende Krise: »Der Tag« naht: Die Lage ist instabil, eine konstante, dauerhafte Entwicklung der Menschheit ist nicht zu erwarten. Dem Christentum in Europa steht ein Überlebenskampf bevor. / Die Schwäche des Glaubens und Beliebigkeit des Bekenntnisses machen uns wenig widerstandsfähig. Haben wir auf Felsen oder Sand gebaut? / Vereinzelung ist gefährlich. In Krisenzeiten muss man wissen, wohin man gehört. »Nur Stämme werden überleben.« / Das »Flirten« mit anderen Kulten und Einweihungswegen, magische Experimente u. dgl. sind nicht ungefährlich. Die geistige Welt ist kein Supermarkt, in dem wir nach Belieben auswählen können. / Die Gefahr des Abfalls vom lebendigen Gott: Unglaube, abgebrochene Brücken, geistliche Isolation. Wir können die Entscheidung nicht ewig offenhalten; keine Entscheidung ist auch eine Entscheidung.

Initiation: In Esoterik und Magie redet man viel von Initiation. Der Adept wird durch einen menschlichen Guru oder ein jenseitiges Geistwesen initiiert. Dabei handelt es sich um eine Persönlichkeitsveränderung (Durchbruch eines neuen Ichs). / Der Vorhang ist keine Tür, sondern eine Scheidewand, die den Zutritt verwehrt. Wir existieren in einem eingekapselten Bereich innerhalb der umfassenden Realität. Die irdische Welt ist hermetisch von der himmlischen abgeschlossen. / Wir sind aber auch in unserem Bewusstsein isoliert. Unsere Angst rührt daher, dass der Mensch überall nur noch sich selber sieht. Bei zugezogenem Vorhang können wir nicht entscheiden, ob Gott real oder fiktiv ist. Seit der Aufklärung ein immer weiterer Rückzug des Geistes in das hermetische Gefäß. / Das Mysterium der Inkarnation. Der Gesandte überwindet die transzendentale Grenze. Sein irdisches Dasein war ein Leben des Glaubens, der Versuchung und des Leidens. Er hat den Fluch auf sich genommen. / Das »Fleisch« ist Hindernis auf dem Weg zu Gott. Jesus musste durch sein Fleisch = die irdisch-menschliche Natur, die er bei seiner Menschwerdung angenommen hatte, hindurchbrechen, um in das Heiligtum zu gelangen. Christus hat die Initiationsprüfung bestanden, er ist der erlöste Erlöser.

Freier Zugang zum Heiligtum: Böses Gewissen: das Bewusstsein, durch Verfehlungen und die sündige Gesamtausrichtung des Willens Gott gegenüber verschuldet zu sein. Die Freiheit ergibt sich aus der Sündenvergebung (= Befreiung vom Fluch, Lösung aus der Tatsphäre). / Objektiv neuer Weg; eine reale Veränderung in der unsichtbaren Welt und im Herzen, im personalen Zentrum des Innenlebens und seiner Relation zu Gott, im Bewusstsein und Unterbewusstsein, hat stattgefunden. Der christliche Glaube, auch wenn er nicht gefühlt wird, hat einen realen Grund. / Lebendiger Weg = ein wirksamer, der von selber zum Ziel führt? »Ich bin der Weg, die Wahrheit und das Leben.« Der Glaubende geht einen Weg zum Himmel, auf dem der Erlöser ihm als Führer und Helfer vorangeht. Mystische Teilhabe. Wenn der Tabu-Bezirk betreten wird, wird eine gefährliche Macht wirksam. / Wir können den gleichen Weg gehen wie der Hohepriester. Der Weg ist frei zu jenem Ort, an dem Gott selbst anwesend ist. Wir brauchen keinen menschlichen Mittler mehr, sondern können Gott im Gebet direkt erreichen. / Die Gemeinde ist Teilnehmerin am himmlischen Kult: Gegenwart Jesu bis hin zur spürbaren Präsenz (»Wo zwei oder drei ...«); Realpräsenz beim hl. Abendmahl.

Möglicher Schluss

Wir sehen also: Unser Predigttext macht es uns nicht gerade leicht. Er fordert uns eine Anstrengung des Denkens ab, aber nun auch des Glaubens. Gerne würden wir unverbindlich bleiben. »Hauptsache, es ist für mich wahr«, hört man heute oft. Wie unangenehm ist es doch, sich festlegen zu müssen, eine Lebensentscheidung zu treffen. Wir sind daran kaum mehr gewöhnt, weder im beruflichen noch im privaten Bereich. Für viele bekommt der christliche Glaube durch seine unbedingte Forderung etwas Unsympathisches, Intolerantes. Doch früher oder später kommen wir unweigerlich an einen Punkt, wo wir uns entscheiden müssen, und dann heißt es eben »ganz oder gar nicht«. Aufrichtigkeit ist dann gefragt, ein ungeteiltes Herz, Standhaftigkeit: dass wir in Zuverlässigkeit und Beständigkeit leben, was wir glauben. Nur das wird uns Orientierung und Sinn zurückgeben, und nicht die ewige Fortsetzung der Suche. Wir müssen uns außerdem klarmachen, dass der Pluralismus vielleicht als Gesellschaftsform für eine gewisse Zeit möglich ist, nicht aber als Geisteszustand. Wir müssen lernen, unsere Position abzugrenzen: von der katholischen, der jüdischen, der islamischen, der buddhistischen, der sozialistischen, der feministischen und so weiter und so fort. Wir müssen wieder lernen, auch andere zu kritisieren und nicht immer nur uns selber. Wir müssen bereit sein, eine geistige Auseinandersetzung zu führen, einen geistigen Kampf.

Was also unterscheidet uns von den anderen Religionen? Wir haben kein Gesetz, das wir erfüllen könnten oder müssten: weder die fünf Säulen des Islam noch die über sechshundert Gebote der Tora, noch den achtfachen Pfad der Buddhisten. Christus hat das Gesetz an unserer Stelle erfüllt. Wir benötigen keinerlei spirituelle Techniken wie Meditation, Imagination, Ekstase oder Trance, um jene innerste Zone, das Heiligtum, zu erreichen. Wir beschreiten auch keinen der zahlreichen Einweihungswege, haben keinen Guru und keinen menschlichen Initiator; denn Christus hat die Prüfung für uns bestanden. Wir können nur noch zustimmen. Das ist frustrierend, das ist durchaus demütigend. Denn wir hätten doch gerne ein wenig Macht, ein wenig Anerkennung für unsere Leistung, ein wenig mehr Kontrolle. Stattdessen sind wir aufgefordert, einem Priesterkönig die Treue zu halten, auf Gedeih und Verderb, wie er uns gegenüber die Treue hält, nicht nur in dieser Welt, sondern durch das Tor des Todes hindurch auch in der jenseitigen.

Der mystischen Ankunft unseres Königs sehen wir im Ring der Jahresfeste nun erneut entgegen. So wollen wir schließen mit einem Lied zur Begrüßung, einem Herzensgebet, mit einem Gesang des schlesischen Mystikers Angelus Silesius:

Morgenstern der finstern Nacht,
Der die Welt voll Freuden macht,
Jesulein,
Komm herein,
Leucht in meines Herzens Schrein.
Amen.

Kontexte

Der Inder Kirpal Singh (1894–1974) gilt als spiritueller Meister des Sant Mat, der seine Schüler auch über den Tod hinaus begleitet. Er hat in Deutschland und anderen westlichen Ländern zahlreiche Anhänger. Über den Tod gibt er folgende Belehrung:
»Die Entfernung spielt für den wahren Meister keine Rolle. Die Meisterkraft erscheint im letzten Augenblick oder schon früher, gleichgültig, wo sich der Schüler befindet, ob in der Nähe oder Ferne. Der Meister teilt ihm mit, dass die unausweichliche Stunde seines Scheidens von dieser Welt unmittelbar bevorsteht und er deswegen kommt, um ihn zu begleiten. Die feinstoffliche Gestalt des Meisters leuchtet auf und führt die Seele in höhere Regionen und weist einem jeden den angemessenen Platz zu, der ihm entsprechend seiner Ausübung des heiligen Wortes zu Lebzeiten zusteht. Zugleich gibt er ihm die notwendigen Anweisungen für eine weitere und vollständigere Entwicklung auf dem spirituellen Pfad.«
Kirpal Singh: Mysterium des Todes. Edition Naam. Augsburg 1996. S. 105

Über die Mystik des Vorhangs vor dem Allerheiligsten schreibt Gershom Scholem:
»Zu den wichtigsten Dingen, deren Schilderung Metatron dem Rabbi Ismael gibt, gehört der kosmische Schleier oder Vorhang vor dem Thron, der die Glorie Gottes von den Engelscharen trennt. Die Idee eines solchen Vorhangs muss sehr alt sein [...]. Dieser kosmische Vorhang, wie ihn das Henoch-Buch beschreibt, enthält nun Bilder aller Dinge, wie sie seit den Schöpfungstagen in der himmlischen Welt ein präexistenziales Dasein haben. Alle Generationen und alle ihre Taten sind in diesem Vorhang eingewoben. Wer ihn schaut, dringt damit zugleich auch in das Geheimnis der messianischen Erlösung ein. Ebenso wie der Lauf der Geschichte sind auch die Kämpfe der Endzeiten und die Taten des Messias hier schon präformiert.«
aus: Gershom Scholem, Die jüdische Mystik in ihren Hauptströmungen. © Suhrkamp Verlag, Frankfurt am Main 1951.

»Wenn ich als Einzelner vor Gott stehe, werde ich fähig gemacht zu wahrer Gemeinschaft. Das Kriterium wahrer Gemeinschaft wiederum ist die Fähigkeit, ganz sich selbst sein zu können vor Gott. ... Die Gemeinschaftsunfähigkeit und die Liebesarmut von uns Christen straft unsere reichen theologischen und biblischen Erkenntnisse Lügen. Das falsche Alleinsein, welches die Prüfung der Gemeinschaft nicht besteht, ist der Individualismus. Er lebt vornehmlich in der Erkenntniswelt und begründet aus ihr seine Berechtigung. Der Individualist ist der Abgesonderte aus Prinzip, aus Egoismus, aus Gemeinschaftsunfähigkeit, aus Reaktion gegen die ›Masse‹. Er ist die erstarrte Gestalt des Einsamen: der Vereinsamte ... Unsere Furcht vor der Gemeinschaft hält der Scheu vor der Einsamkeit die Waage. Am liebsten wären wir unverbindlich: ein bisschen Gemeinschaft, nicht zu viel, ein wenig Alleinsein, nicht zu viel. ... Doch das Eine wird uns klar werden: Wir können *kein* volles Christenleben führen ohne Gemeinschaft.«
Aus: Hans Bürki: Das Leben gewinnen. Besinnung über Grundfragen christlicher Verwirklichung. Moers 1990. S. 110–112

2. Sonntag im Advent
Die Offenbarung des Johannes 3,7–13

Christiane Borchers

Exegetisch-homiletische Skizze

Die Adventszeit hat zwei Aspekte in der kirchengeschichtlichen Tradition: die freudige Erwartung des Kommens des Jesuskindes in Bethlehem und die Erwartung des kommenden Pantokrators, der den ganzen Erdenkreis richtet. Der erste und der vierte Adventssonntag betonen den freudigen Charakter der Adventszeit, der zweite und dritte den Buß- und Gerichtsgedanken.

Offb 3,7–13 ist das sechste Sendschreiben des Sehers Johannes, der von Patmos aus Briefe an die sieben Gemeinden in Kleinasien schreibt. Die Briefe betreffen sowohl die einzelnen Gemeinden, als auch die gesamte Christenheit, (vgl. die Zahl 7, die für das Ganze, die Gesamtheit steht).

Die Sendschreiben haben einen bestimmten Aufbau:

Der Schreiber beruft sich auf eine höhere Autorität. Es ist Christus selbst, der spricht. Dann folgt Lob und Tadel. *Ich kenne deine Werke* ... Der Tadel fehlt bei der Gemeinde in Philadelphia, sie erhält ausschließlich Lob. In den anderen Briefen folgt die Bußmahnung und Androhung des Gerichts. Auch hier bildet die christliche Gemeinde in Philadelphia die Ausnahme. Dafür, dass sie in Geduld an Christus festgehalten hat, obwohl sie nur eine schwache Kraft hat, wird sie belohnt werden. Sie muss sich nicht mehr im Gericht bewähren, sie hat sich bereits auf Erden bewährt. Eine kleine Bußmahnung ist lediglich in Vers 11 zu finden: Die Gemeinde soll halten, was sie bereits hat.

Der Schluss wird eingeleitet durch einen Überwinderspruch. Wer überwindet, dem wird eine Verheißung zuteil. Es folgt eine Aufforderung zum Hören.

Jede Gemeinde hat einen Engel, gleich einem Schutzengel, den ein einzelner Mensch hat. Er ist der himmlische Doppelgänger, der vor Gottes

Angesicht steht und besonderen Schutz genießt. Wenn Johannes an den Engel der Gemeinde schreibt, so schreibt er an die Gemeinde. Durch den Engel wird die besondere Beziehung deutlich, die eine christliche Gemeinde zu Gott und Christus hat. Die christliche Gemeinde ist das neue auserwählte Volk Gottes.

Christus hat den Schlüssel zum Paradies; er ist der endzeitliche Davidide, der die Tür zum Himmelreich aufschließt und zuschließt. In Vers 9 ist von der *Synagoge des Satans* die Rede und von den *Juden, die lügen*. Diese Verse sind nicht antisemitisch zu verstehen, sondern erschließen sich auf dem Hintergrund des Schreibers, der nicht judenfeindlich ist, sondern selbstkritisch. Diese Verse dürfen explizit nicht antisemitisch ausgelegt werden, sondern müssen in ihrem Kontext verständlich gemacht werden.

Die kleine Gemeinde hat nur eine schwache Kraft, dennoch hat sie am Wort Gottes festgehalten. Zum Lohn dafür hat ihr Christus schon jetzt die Tür zum Paradies aufgeschlossen. Das Verheißungswort in Vers 12 wird anschaulich ausgemalt. Die Überwinder sind lebendige Säulen im Tempel Gottes, die für immer ein Bleiberecht haben. Der Name Gottes ist auf ihnen geschrieben, d. h., sie bekommen eine neue Identität, sie gehören zu Gott, sind Bürgerinnen und Bürger der himmlischen Stadt, des neuen Jerusalem. Sie werden bei Christus sein und mit ihm in das himmlische Reich eingehen.

Predigtidee

Das Festhalten im Glauben an Christus wird belohnt.

Predigtthema

Christus hat den Schlüssel zum Paradies.

Vorschlag zur Liturgie

Votum

Wir feiern diesen Gottesdienst am zweiten Advent
im Namen Gottes, der schöpferischen Kraft,
die Himmel und Erde gemacht hat,
im Namen Jesu Christi, in dem sich die Liebe vollendet hat,
im Namen des Heiligen Geistes, der Kraft,
die Gemeinschaft unter uns stiftet. Amen.

Gebet zum Eingang

Barmherziger Gott!
Es ist Advent,
wir warten auf dein Erscheinen,
wir erwarten deine Ankunft.
Wir sehnen uns nach deiner Liebe,
wir sehnen uns nach Licht und Leben.
Die unerlöste Welt wartet auf dich.

Du erquickst die Mühseligen und Beladenen,
richtest die Gebeugten auf,
schaffst Recht und Gerechtigkeit denen,
die Unrecht leiden.
Du kommst in diese Welt,
machst heil, was krank ist,
hebst auf, was am Boden liegt.
Geknicktes Rohr zerbrichst du nicht
und den glimmenden Docht löschst du nicht aus.
Du schließt den Frommen die Tür zum Paradies auf.
Bei dir ist lauter Glanz und Freude.

Wir bitten dich nun für diesen Gottesdienst:
Komm in unsere Mitte,
erfülle unsere Herzen,
erleuchte uns mit deinem hellen Schein. Amen.

Psalm: Ps 80,2–7.15–20 oder Ps 24

Lesungen

AT: Jes 63,1–6 (17–19a)19b – 64,1–3
NT: Lk 21,25–33
Epistel: Jak 5,7–8

Kyrie und Gloria

Gott, wir bitten dich:
Öffne unsere Herzen, damit du bei uns einziehen kannst!
Öffne unser Ohr, damit wir deine Botschaft wahrnehmen
in diesem Advent!

Mach uns bereit für dein Kommen!
Erbarm dich über uns, wenn wir zu wenig mit
deiner Ankunft in dieser Welt rechnen.
Stärke uns im Glauben, dass dein Reich kommt.

Dir sei Ehre und Gnade,
dir sei Lob und Preis!
Du kommst und machst krumme Wege gerade,
du zeigst Wege aus der Dunkelheit,
lenkst unsern Schritt, dass wir sicher gehen können.
Du lässt dein Licht leuchten,
verleihst der Welt einen warmen Schein.
Du richtest den Erdkreis so, wie es recht ist.
Dein Reich ist ein Reich des Friedens,
der Freude und der Gerechtigkeit.
Dir sei Dank für alle Zeit.

Fürbittengebet

Gnädiger Gott,
wir warten auf dich, dass du kommst
und unser Leben hell machst.
Wir warten auf dein Erscheinen,
damit deine Gerechtigkeit sich durchsetzt.
Bei uns ist so viel Leid und Unfrieden.
Menschen bedrücken einander,
nehmen sich die Luft zum Atmen.
Viele Menschen sind einsam,
haben keinen Menschen,

dem sie sich anvertrauen können.
Hilf uns, sensibel zu sein für diejenigen, die uns brauchen.
Befähige uns, unsere Kraft dafür einzusetzen,
dass unsere Gemeinde es verdient,
sich nach Christus zu benennen.
In Jesus Christus hast du dich geoffenbart,
hast uns gezeigt, was es heißt, menschlich zu leben.
Wir sind für unsere Taten verantwortlich.
Hilf uns, im Gericht zu bestehen.
Sende einen Engel, der uns bewahrt.
Schließ uns die Tür zum Paradies auf,
dass wir einst mit dir am Tisch in deinem Reich sitzen.
Alles, was uns bewegt, bringen wir vor dich,
indem wir gemeinsam beten:
Unser Vater im Himmel ...

Lieder

EG 17,1+2 Wir sagen euch an den lieben Advent
Wochenlied EG 6,1–5 Ihr lieben Christen, freut euch nun
EG 152,1–4 Wir warten dein, o Gottes Sohn, und lieben dein Erscheinen
EG 1,1,4+5 Macht hoch die Tür, die Tor macht weit

Vorschlag zur Predigt

Liebe Gemeinde !
Es ist Advent. Die Häuser und Straßen sind festlich geschmückt. Auf dem Weihnachtsmarkt duftet es nach gebrannten Mandeln und Glühwein, zu Hause nach der Weihnachtsbäckerei. Wir möchten uns einstimmen auf die besinnliche Zeit, die alten Verheißungen hören, die vertrauten Adventslieder singen, die das Herz warm und weit machen.
Advent – Ankunft, Erwartung, Vorfreude. Warten auf Christus, dass er kommt und heil macht, auch uns. Die Kinder öffnen jeden Tag eine Tür am Adventskranz. Jede Tür bringt ihnen Heiligabend ein Stück näher.
Der kleine Advent bildet den großen Advent ab. Das Reich Gottes, das mit Jesus schon in der Welt angebrochen ist, wird am Ende aller Zeiten endgültig Wirklichkeit werden und den ganzen Erdkreis umfassen. Aber

bevor die Erwählten im Reich Gottes mit Gott und Christus zu seiner Rechten am Tisch sitzen und das Mahl halten, wird Christus wiederkommen, als Weltenrichter auf dem Thron herrschen und über die Menschheit Gericht halten.
Adventliche Stimmung und Weihnachtsbäckerei sind plötzlich verschwunden angesichts des kommenden Weltgerichts, in dem der Mensch sich für seine Taten verantworten muss. Der ganze Erdkreis wird einer harten Prüfung unterzogen werden.

Unser Predigttext ist eins der sieben Sendschreiben, die der Seher Johannes an die sieben Gemeinden in Kleinasien schreibt. Er schreibt an die christliche Gemeinde in Philadelphia: *Dem Engel der Gemeinde in Philadelphia schreibe* ... Es gibt die alte Vorstellung, dass jeder Mensch einen Schutzengel hat, sogar ganze Völker verfügen über einen Schutzengel. Der Schutzengel steht vor Gottes Angesicht, genießt einen besonderen Schutz, bewahrt selbst und beschützt die ihm Anbefohlenen. Menschen und Völker haben himmlische Doppelgänger, die ihnen beistehen. Die christliche Gemeinde in Philadelphia hat einen guten Ruf. Johannes hält ausschließlich Lob für sie bereit. Johannes schreibt nicht aus eigener Autorität, sondern es ist Christus selbst, der spricht. *Das sagt der Heilige, der Wahrhaftige* ... Der erhöhte Christus hat den Schlüssel Davids in der Hand, mit dem er am Ende aller Zeiten die Tür zum Paradies aufschließt und zuschließt. Ein alttestamentliches Bild von Jesaja wird aufgenommen, nachdem der verwaltende Hofmeister den Schlüssel zu Davids Palast bekommt, mit dem er die Türen auf- und zuschließen kann. Das Bild vom königlichen Palast wird übertragen auf den himmlischen Palast, zu dem Christus den Schlüssel hat. Er allein öffnet und schließt die Tür zum himmlischen Festsaal.
Der Gemeinde in Philadelphia öffnet er die Tür. Obwohl diese kleine Gemeinde nur eine geringe Kraft hat – sie ist wirtschaftlich und zahlenmäßig schwach gestellt –, hat sie Gottes Wort in Zeiten der Bedrängnis bewahrt. Sie hat Christus nicht verleugnet und an ihm festgehalten. Dafür erschließt Christus ihr das Paradies.

Die christliche Gemeinde in Philadelphia stand vor großen Herausforderungen. Sie musste sich behaupten in einer Zeit, als das Christentum sich in der Minderheit befand und sich einer jüdischen Mehrheit gegenüber sah. Das Christentum hatte sich bereits vom Judentum gelöst, war aber noch nicht als eigenständige Religion vom römischen Staat anerkannt. Ehemals hatten sich die Christen als ein Teil der jüdischen Religion verstanden. Für sie hatte sich die jüdische Verheißung erfüllt: Der Messias war in Jesus gekommen. Dieser Glaube wurde bald nicht mehr von den jüdischen Autoritäten akzeptiert. Die Christen in Philadelphia gerieten in eine Situation, in der sie weder vom Staat noch vom Judentum geduldet wurden. Die Römer verlangten, dass sie vor dem Bild des Kaisers knieten, die Juden sahen in Jesus nicht den erwarteten Messias. Die Christen wurden zu Freiwild der Römer und zu Konkurrenten der Juden. Von beiden Seiten wurden sie in die Enge getrieben und gerieten in große Anfechtung und starke Bedrängnis. Dennoch ließen sie sich nicht vom Glauben an Christus abbringen. Diese glaubwürdige Standhaftigkeit wird von Christus reichlich belohnt. Einst werden sie über ihre Bedränger triumphieren und den Sieg davontragen, ihnen wird das Paradies zuteil.

Christus schreibt durch die Hand des Johannes: »Ich werde einige von der Synagoge des Satans, die sagen, sie seien Juden und sind es nicht, sondern lügen, dazu bringen, dass sie kommen und zu deinen Füßen niederfallen und erkennen sollen, dass ich dich geliebt habe.«
Das klingt antisemitisch: *Juden, die lügen, und Synagoge des Satans,* ist es aber nicht. Jahrhundertelang ist diese Stelle gegen Juden ausgelegt worden. Der Schreiber selbst will diese Aussagen mit Sicherheit nicht judenfeindlich verstanden wissen. Johannes, der selber ehemals Jude war und Christ geworden ist, kritisiert ein Verhalten, das die Anhänger einer anderen Religion bedrängt und verfolgt, anstatt sie als Schwestern und Brüder einer anderen Gottesoffenbarung zu akzeptieren und tolerieren. Die Bezeichnung Jude verwendet Johannes als Ehrennamen. Er sagt: Juden, die gemeinsame Sache mit den Mächtigen machen – in diesem Falle mit dem römischen Staat – und Minderheiten verfolgen, verdienen den Ehrennamen Juden nicht. Sie geben vor, Juden zu sein, aber sie lügen, so verhalten sich Juden nicht. Johannes, selber Jude gewesen, ist nicht judenfeindlich, sondern selbstkritisch. In anderen Sendschreiben an christliche Gemeinden hat er, der Christ geworden ist, Christen kritisiert in ihrem Verhalten, als es Anlass zur Kritik gab. – Einige Jahrhunderte später verändern sich die Machtverhältnisse zugunsten des Christentums. Das Christentum wird durch ein Edikt des Theodosius 391 n. Chr. im römi-

schen Reich Staatsreligion. Nun verfolgt die christliche Kirche mit Hilfe des Staates das in die Minderheit geratene Judentum. – Übertragen wir die kritische Haltung des Johannes, müssten wir konsequenterweise von der *Kirche des Satans* sprechen und von Christen, die vorgeben Christen zu sein, und es doch nicht sind, sondern sie lügen. Christen, die andere bedrängen und verfolgen, verdienen nicht, den Namen Christen zu tragen. Sie sind keine Christen, so verhalten sich Christen nicht.

Der Schreiber des Sendschreibens überträgt alttestamentliche Verheißungen an das Volk Israel als Gottesvolk auf die christliche Gemeinde. So werden Prophetenworte, die von der Unterwerfung der heidnischen Könige und Völker vor dem Volk Israel sprechen, nun auf die christliche Gemeinde bezogen. Sie ist das neue von Gott auserwählte Volk, vor der sich nun die Juden beugen müssen. Die kleine Gemeinde, bedrängt und bedroht, wird erhöht und gepriesen als eine Gemeinde, die in Geduld ausgeharrt und sich nicht beirren lassen hat. Sie hat an Gottes Wort festgehalten. Zum Lohn wird Christus sie vor der Stunde der Prüfung bewahren, die über den ganzen Erdkreis kommen wird. Die Gemeinde in Philadelphia hat sich schon in der Stunde der Versuchung bewährt, sie braucht sich nicht mehr dem Endgericht zu stellen. Ihr ist bereits das Reich Gottes zugesagt. Eine kleine Mahnung ist in dem Brief an die Philadelphier, der sie durchweg lobt, doch enthalten: *»Siehe, ich komme bald. Halte, was du hast, dass niemand deine Krone nehme!«* Bis zur Ankunft Christi, die in Kürze kommt, sollen sie so standhaft bleiben, wie sie sind, sonst könnte ihnen die Krone des Lebens, die sie ja bereits haben, doch wieder verlorengehen.

Am Ende des Briefes versäumt Johannes nicht, der Gemeinde ihre Verheißungen in den schönsten Bildern auszumalen. Sie werden eingeleitet mit dem Überwinderspruch. Wer die widergöttlichen, zerstörerischen Mächte und Gewalten der Welt überwindet und im Glauben treu bleibt, der soll ein Pfeiler in Gottes Tempel werden. Säulen nannte man im Judentum Abraham und die Frommen Israels, in der christlichen Urgemeinde die Apostel. Die Gemeindeglieder dieser armen kleinen Gemeinde von Philadelphia werden tragende Säulen im Tempel Gottes sein, die man nicht mehr daraus entfernen kann. Auf den Säulen soll der Name Gottes geschrieben werden und der Name des neuen Jerusalem, das vom Himmel herabkommt. D. h., die Gemeindeglieder sind nicht mehr Gäste und Fremdlinge, sondern sie gehören zu Gott, sie sind sein Eigentum und haben in seiner himmlischen Stadt Bürgerrechte. Wie einst am Anfang der Schöpfung alle Geschöpfe mit Namen gerufen wurden, so bekommen sie am Ende der Zeiten einen neuen Namen, der sie als zu Christus gehörig ausweist in alle Ewigkeit.

Liebe Gemeinde ! So vorbildlich wie bei der Gemeinde in Philadelphia geht es bei uns wohl kaum zu. Wir befinden uns nicht in der Bedrängnis, wir dürfen frei unseren Glauben leben, wir haben eher das Problem, dass wir uns im ganz gewöhnlichen Alltag in der Gemeinde zu bewähren haben. Da gibt es welche, die wollen über andere bestimmen, lassen andere nicht gelten, engen sie ein, wollen immer nur selber zum Zug kommen. Eine christliche Gemeinde ist eine Gemeinschaft von Christinnen und Christen, die sich zu Jesus Christus bekennt und in der alle die Chance haben müssen, ihre Gaben und Fähigkeiten einzubringen. Jeder Mensch ist wertvoll. Die einen sind nicht ein bisschen mehr als die anderen.

Jesus schließt Gemeinden den Himmel auf oder zu. Er hat die Schlüsselgewalt. Im Advent warten wir auf sein Kommen. Christus möge auch uns seine Türen öffnen. Er möge einziehen in unsere Gemeinden, er möge einziehen in unsere Häuser und Städte / Dörfer. Er möge Einzug halten, wo Unfrieden herrscht, wo einer den andern niederdrückt, wo ein Hoffnungslicht sofort zum Erlöschen gebracht wird.

Christus möge einziehen in kalte Herzen, sie öffnen für die Liebe Gottes, die sich ausdrückt in der Liebe zu den Menschen. Es ist Advent. Wir warten auf den König, der kommt und uns die Tür zum Paradies aufschließt. Wir warten auf Christus, dass er heil macht, was zerbrochen ist, dass er aufrichtet, was niedergedrückt ist. Wer hier Unrecht leidet, wird dort Recht erfahren. Wer hier in Bedrängnis gerät, wird dort erhöht werden.

Christus, sei uns willkommen in dieser heiligen Zeit!
Öffne uns die Tür zum Paradies!
Umleuchte uns mit deinem Licht der Barmherzigkeit!
Sende einen Engel, der uns stark macht im Glauben,
dass wir standhaft bleiben und an dir festhalten. Amen.

3. Sonntag im Advent
Die Offenbarung des Johannes 3,1–6

Helmut Zeilinger

Exegetisch-homiletische Skizze

Ein Abschnitt aus der »Offenbarung«, der sich nicht, wie allgemein assoziiert wird, auf das Verborgene bezieht, sondern das Offenbare offenlegt und veröffentlicht (Klaus-Peter Jörns). So ist, um was es da geht, auch für uns nicht unzugänglich. Im Gegenteil: Über die Zeiten hinweg fühle ich mich angesprochen und berührt. Was ist »lebendige Gemeinde«? Auf diese Frage möchte ich mich konzentrieren. Das ist nur möglich, wenn ich die Andeutungen und Symbole im Text, die allerdings auch hier nicht allen verständlich sind, nicht innerhalb des Gedankengangs der Predigt deuten muss. Deshalb habe ich mich für eine Text-Paraphrase entschieden, die vorweg zu entschlüsseln versucht, und stelle diese der Lesung der Lutherübersetzung gegenüber.

Für manche Textakzente fand ich naheliegende Entsprechungen in anderen biblischen Traditionen. Ich beziehe sie in die Liturgie mit ein. »Stärken, was sterben will« wird charakterisiert und vorgelebt in den »Werken Christi« (Sonntags-Evangelium Mt 11,2 ff.). Daran sollen Christinnen und Christen sich immer neu orientieren (V. 3. vgl. Mt 10,7f.; Joh 14,12; 20,21) und Maß nehmen für die eigenen Werke. Sonst erweisen sich diese schnell als »ungenügend« (V. 2). Vergleichbares lässt Mt 25,31ff. erkennen mit seinem inhaltsgleichen Kriterium für Akzeptanz oder Ablehnung. Nur die »Werke der Barmherzigkeit« sind »vollkommen«. Grund genug zur Wachsamkeit – auch angesichts dessen, der unvermittelt »einbrechen« und ein ähnliches Fazit ziehen kann: entweder den »Namen, dass du lebst« zu bestätigen oder zu löschen. Die Verse 1d und 5b.c entsprechen sich formal und inhaltlich.

Tröstlich finde ich und typisch für den, der das Christsein inhaltlich so initiierte: Die negative Analyse »nominell lebendig, faktisch tot« muss nicht das letzte Wort sein. Selbst eine »tote« Gemeinde kann aufwachen – und sei's an einem einzelnen Punkt wie etwa dem Kirchenasyl oder der »Tafel« – und ihrerseits gegen den »Tod« anderer angehen und dabei selbst »lebendig« werden. Jes 58,7ff. bringt's unübersehbar zusammen: andere heilen macht selber gesund.

Dass Gemeinden nur mit sich selbst beschäftigt sind, gibt's nicht nur in Zeiten, wo um neue Strukturen gerungen wird, aber da besonders nachhaltig. Da geht von Kirche nichts mehr aus. Das beklagen auch die Kirchen des »Südens« im Blick auf uns im Norden. Warum reagiert die deutsche Kirche so wenig darauf? Was also kommt an – bei uns – und was nicht? Was kommt bei andern an von dem, was uns wichtig ist? Was kommt auf uns und auf andere zu? Was erwarten wir und was ist von uns noch zu erwarten? Gerade die »Adventszeit« ist mit solchen Fragen verbunden. Vielleicht ist dieser 3. Advent nicht nur mit der Kollekte Brot für die Welt ein neuer Anlass, am »Werk Christi« anzuknüpfen – mit der Perspektive für alle Beteiligte: »gesund« und »lebendig«.

Predigtidee

Lebenszeichen einer Gemeinde sind nicht quantitativ zu erkennen (Zahlen von Menschen, Geldern, Veranstaltungen, guten Worten), sondern qualitativ an der Art, wie sie mit den Lebenszeichen Christi Leben bewahren hilft. Das bewahrt auch sie selbst vor dem Aus. »Wer leben hilft, lebt länger«.

Predigtthema

»Lebendige Gemeinde« ist »Kirche für andere«, die Leben rettet.

Vorschlag zur Liturgie

Begrüßung

Ich grüße Sie mit dem Wochenspruch des 3. Advent: »Bereitet dem Herrn den Weg; denn siehe, der Herr kommt gewaltig.« Die Evangelien haben dieses Jesajawort auf Jesus bezogen. Möge es uns gelingen, seiner Lebensart auch unter uns und durch uns Wege zu öffnen und Raum zu geben!

Lieder

Zum Eingang: EG 10,1–3 Mit Ernst, o Menschenkinder; Loblied: EG 16,4 Die Nacht ist vorgedrungen; vor der Predigt: EG 260 Gleichwie mich mein Vater gesandt hat (im Aufgreifen der Schriftlesung können weitere Strophen über Liedblatt oder jeweiligen Zuruf angeregt werden: Er hat mich gesandt, es anzugeh'n / und ich sende euch, es anzugeh'n, dass wer blind ist, neu zu sehen lernt; dass wer taub ist, neu zu hören lernt; dass wer lahm ist, neu zu gehen lernt; dass auch Ausgegrenzte Zugang finden; dass, wer atemlos, neu atmen lernt); nach der Predigt: EG 262,1+2+6 Sonne der Gerechtigkeit; EG 420 Brich mit den Hungrigen dein Brot; EG 667 (Baden) Selig seid ihr, wenn ihr einfach lebt; zum Schluss: EG 610 (Baden) Herr, wir bitten: Komm und segne uns

Eingangsspruch

Ps 116,9 Ich werde wandeln vor dem Herrn im Land der Lebendigen.

Eingangsgebet

»Im Land der Lebendigen«. Gott sei Dank sind wir noch am Leben. Und auch die uns nah sind. Wo's ja auch anders sein könnte. Wie gut, dass wir so ausgefüllt sind. Und uns an vielem beteiligen können mit unseren Kräften und Ideen und Geldern. Und dass andere teilnehmen an dem, wie's uns geht. Schade, dass das nicht immer gelingt. Dass wir bei dem vielen, was uns beschäftigt und was ständig so läuft, auch aneinander vorbeileben. Und manchmal gar nicht merken, wie andere fast nicht mehr können. Da haben wir uns schon so viel vorgenommen – und dann doch keine Gelegenheit dazu gefunden. Gott, uns wird klar, wie viel wir voneinander haben und doch auch wieder wie wenig. Und wie unser Leben ärmer wird ohne die andern.
Stille
Gott, »im Land der Lebendigen« sind sicher viele wach und aufmerksam für das, wie sie sich gegenseitig leben helfen können. Wir möchten dazugehören.
Kyrie eleison.

Ermutigungswort

Eins kann dem andern zum Leben helfen – nicht nur, wenn es wieder um Brot für die Welt geht, sondern im täglichen Miteinander. Dazu ermutigt uns das Gotteswort aus Jesaja 58, 7f.

Tagesgebet: mit den Worten von EG 246, 3

Schriftlesung: Mt 11,2–6; als Schlussspruch Joh 20,21b

Fürbittengebet

In unserem Beten denken wir an Menschen in unserer Nähe oder weiter weg, denen das Leben schwerfällt. Sie brauchen's, dass wir sie mit wachen Sinnen begleiten.
Die einzelnen Fürbitten verbinden wir jeweils mit der Ermutigung des Liedrufs EG 21.
Um uns einzuüben, singen wir ihn schon im Voraus: *Liedruf*
Gott, wir denken an Menschen, die am Ende ihrer Kräfte sind – im Mühen um eine neue Arbeitsstelle, um das Verständnis anderer, in ihrem Kranksein, im Sterben, im Begleiten von Kranken und Sterbenden. Wir möchten mit unsrem Beten und Leben dazu beitragen, dass sich löst, was ihnen eng wird. *Liedruf*
Wir sehen sie, die immer da sind, wenn sie gebraucht werden, und sich verausgaben in ihrem Einsatz in der Familie, in der Schule, in unsrer Gemeinde, gegenüber Flüchtlingen. Mit unsrem Beten und Leben möchten wir sie entlasten vom Druck und vom sich Einreden, überall allein dazustehen. *Liedruf*
Gott, gerade in unsrer Gemeinde möchten wir zusammen mit anderen wach bleiben und hellhörig sein für die, über die ungut gesprochen wird, die überspielt und übersehen werden, missachtet wegen ihrer anderen Meinung und Religion. Wir möchten auch die ermutigen, die sich so schon lange kümmern. *Liedruf*
Gott, wenn wir deine und unsere Begabungen zusammenbringen, wird vieles lebendiger – bei uns selbst und in unsrer Gemeinde, kann das Augen und Ohren öffnen, Lähmungen lösen, helfen, solche am Rand einzubeziehen und die aufatmen und aufleben zu lassen, für die alles vorbei schien. *Liedruf*

Vorschlag zur Predigt

Möglicher Anfang

Als Predigttext für diesen Sonntag hat unsere Kirche aus Offenbarung 3 den Brief an die Christen in Sardes vorgeschlagen. Sardes ist eine der sieben Gemeinden im westlichen Kleinasien, die in diesem letzten Buch der Bibel am Ende des 1. Jahrhunderts angeschrieben werden. Ich lese die Verse 1–6 in der Lutherübersetzung.

Lesung der Perikope

Typisch Offenbarung! All diese Symbole, Chiffren und rätselhaften Andeutungen: Engel der Gemeinde, sieben Geister, sieben Sterne, Wiederkommen Christi, besudelte Kleider, weiße Kleider, überwinden, Namen austilgen, Buch des Lebens, Engel. Das braucht viel Raum für Erklärungen. Ich möchte aber die Predigt damit nicht überladen. Deshalb gebe ich den Text vorweg noch einmal so wieder, wie ich ihn zu entschlüsseln versuchte. Das gibt den Blick frei, sich in der Predigt auf den Hauptakzent zu konzentrieren.

(1) Schreiben an die Vertreter der christlichen Gemeinde in Sardes im Auftrag Christi:

Mit Gott und mit euch in Verbindung sage ich: Ich kenne euch und weiß, was ihr macht. Dem Namen nach seid ihr eine lebendige Gemeinde. Und doch seid ihr eigentlich tot.

(2) Es sei denn, ihr werdet hellwach und helft denen zu leben, die sonst sterben. Alles andere ist im Sinn Gottes nicht ausreichend.

(3) Erinnert euch, wie ihr reagiert habt, als ihr erstmals vom Evangelium gehört habt. Kehrt zu diesen Impulsen zurück und bleibt dabei. Wenn ihr aber nicht aufwacht, werdet ihr gar nicht merken, wo und wann ich euch zur Rechenschaft ziehe.

(4) Einige von euch haben ihre Identität nicht aufgegeben, haben keine Kompromisse geschlossen mit dem Zeitgeist, sich nicht angepasst, haben also »eine reine Weste«. Und haben es verdient, leuchtende Vorbilder zu bleiben im Zusammenhang mit mir.

(5) Die es schaffen und trotz aller Risiken durchhalten, sind »ausgezeichnet« in ihrem Christsein. Und von mir aus bleibt ihr Name lebendig, auch in den Büchern, die von ihnen erzählen im Zusammenhang mit Gott und aller Botschaft vom Leben.

(6) Wer wach ist, bekommt wohl mit, was Gottes Geist den Gemeinden sagt.

Auf einer unsrer Türkeireisen haben meine Frau und ich noch etwas von Sardes sehen können. Ausgegrabene Ruinenteile mit viel Zierrat lassen auf vergangene Schönheit und Reichtum schließen. Immerhin herrschte in der fast viertausend Jahre alten Stadt auch mal der legendäre König Krösus. Kein Wunder – hatte der Perser Kyrus Interesse an der Eroberung. Und später die Römer. Noch lange blieb Sardes trotz mancher Zerstörungen – auch durch Erdbeben – eine der wohlhabendsten Städte der Region. Fotogen fand ich unter anderem die Seitenteile eines byzantinischen Brunnens. Sie stammen vielleicht aus einer christlichen Taufkapelle. Über ursprünglich heidnische Inschriften und Verzierungen sind da später Kreuze eingraviert worden. Was der Brief in der Offenbarung monierte, lässt auf einen umgekehrten Vorgang schließen: ursprünglich christlicher Lebensstil wurde unkenntlich, als der Kaiserkult und anderes abfärbte und die Anpassung ihre Spuren hinterließ. »Du hast den Namen, dass du lebst«, wird der Gemeinde bescheinigt, »aber in Wirklichkeit bist du tot!«
Auch wenn das schon lange her ist, prägt diese Beurteilung noch unsern Sprachgebrauch. So hören wir sagen: »Nominell«, also dem Namen nach gehöre ich wohl zu dem und dem Verein, aber »faktisch« bin ich da nur passives Mitglied. Ich zahle meinen Beitrag. Das ist alles! Ähnlich werden manche auch ihre Kirchenmitgliedschaft charakterisieren. Und hässlich zwar, aber dem Predigttext angepasst, ist dann im internen Jargon von »Karteileichen« die Rede. So hört sich dieser 2000-jährige Brief ziemlich modern an.

Zum weiteren Verlauf

»Eine lebendige Gemeinde!«, heißt es bewundernd oder wunschträumend. »Da läuft was! Da ist viel los!« Gemeint sind vielleicht beeindruckend viele Termine und Gruppenangebote im Gemeindebrief. Oder die vollen Gottesdienste der »Freien Gemeinden«, deren impulsive Musik und Lieder, die nicht nur im Mund, sondern körperlich ankommen.

Zahlen als Indiz für »Leben«? Vielleicht waren die Gemeindeversammlungen in Sardes ja ebenso »voll« wie unsre Weihnachtsgottesdienste.

Die Fülle unsrer Gremien und Sitzungen und die Vielzahl der Papiere, Leitlinien, Strukturreformen bringen ja nicht schon die erhoffte Qualität. Aber schwache Gottesdienstbesuche und sinkende Mitgliederzahlen beschäftigen uns doch nachhaltig. Sterbende Kirche?

Verlust an Image und Mitgliedern ist natürlich eine Problemanzeige. Man darf sie nicht kleinreden. Es geht schließlich um Glaubwürdigkeit. Aber sich auch nicht von Angst und fehlendem Geld erpressen lassen in Richtung Unterhaltungskirche. »Events« und »Wellness für alle« sind eine Verlockung: Tu was für dich selbst, gönn dir was Gutes! Überall in Gesellschaft und Kirche taucht die Gefahr solcher Selbstbeschäftigung auf. Wenigstens »Spiele«, wenn schon das »Brot« knapp geworden ist. Aber auch das kann sich totlaufen.

Nominell lebendig, faktisch tot: was ist der Maßstab? Laut Perikope ist eine Gemeinde dann lebendig, wenn sie nicht für sich lebt, sondern andere vor dem Sterben bewahrt und leben hilft. Kirche nicht Selbstzweck, sondern Lebensrettungsgesellschaft. In der Verfolgung damals wurde das schnell konkret. Aber wachsende Verarmung und Exklusion von Menschen fordern auch uns heraus. Was bedeutet es (nicht nur) für den Religionsunterricht am Ort, wenn Kinder von gemeinsamer Schulverpflegung ausgeschlossen werden wegen finanziellem Engpass daheim?

Maßstab für ein waches Christsein ist die Praxis Jesu (Schriftlesung) und sein Auftrag an die ihm Folgenden (Mt 10,7; Lied vor der Predigt). Und die Resonanz? Einerseits wird mit Bonhoeffer bejaht: »Die Kirche ist nur Kirche, wenn sie für andere da ist.« Andererseits kritisierte der Papst (Bayernbesuch 2006) die Kirche, sie kümmere sich ums Soziale, aber zu wenig um den Glauben. Das hat nicht nur die Caritas irritiert.

Der »durch die Liebe tätige Glaube« (Gal 5,6) ist aber gerade nicht »Gesetz«, sondern »Evangelium«: eigene Lebendigkeit (nominell und faktisch) resultieren aus der Hilfe zum Leben anderer. »Wer sich selbst gewinnt, wird sich verlieren.« (Mt 10,39; 16,25) Aber »Wer leben hilft, lebt selbst länger«. Das Ermutigungswort aus Jes 58 beleuchtet diesen Zusammenhang: Wer andere rettet, wird selbst gesund, wie eine Langzeitstudie bestätigt. (Kontexte)

Christsein und Kirche gewinnen Profil und Attraktivität: in der Begleitung von Sterbenden (Hospizbewegung) und von Lebenden, damit diese gerade nicht sterben. »Tu deinen Mund auf für die Schwachen« (Spr 31,8) wird aktuell angesichts der unzählig vielen »neoliberal« ausgepowerten, abgehängten Menschen. Auch bei wachsendem Rassismus. Oder gegenüber denen in Palästina, die um alles gebracht werden. Gerade unsre christlichen Schwestern und Brüder dort verzweifeln auch wegen ausbleibender »Lebenszeichen« von uns und unsern Kirchen. »Adventszeit«: wie lange sollen sie und andere noch warten? Wir haben doch »Brot für die Welt«!

Möglicher Schluss

»Totgesagte leben länger«, sagt man. Das stimmt vielleicht auch in unserem Zusammenhang. Denn mit der Beurteilung »nur dem Namen nach lebendig« wird niemand ausrangiert. Es folgt kein »Das war's!« Vielmehr die Ermutigung, dass von uns noch was zu erwarten ist. Das passt zur Adventszeit: Lebenszeichen, die bei uns ankommen und neu von uns ausgehen. Gott sei Dank für alle Begegnungen mit anderen, Ereignisse, Signale, die uns wache Augen und hörende Ohren geben. Sind nicht auch das »Engel der Gemeinde«, die uns spüren lassen: Wir sind gemeint? Oder »leuchtende« Vorbilder unter den Trägerinnen und Trägern von Hoffnungsgeschichten aus unsern Tagen mit ihren Impulsen, wie auch wir die Praxis Jesu fortführen und also »den Weg des Herrn bereiten« können.

Ein Pressebericht unter dem Titel »Armes Deutschland«(Der Spiegel 10/06, S.74) erzählt: Ein Pfarrer und ein Arzt als Vertreter einer Berliner Gemeinde überbrachten einem Krankenhaus in Kenia Medikamente und Verbandszeug, außerdem Spenden, damit mehr Personal eingestellt werden könnte. Sie erzählten auch von zu Hause, also auch von Hartz IV und von Arbeitslosen, die einmal wöchentlich Schlange stehen für Lebensmittelspenden. Das passte nicht zum Deutschlandbild der Leute in Kenia, eher zu ihrem eigenen Alltag. Sie wollten ihrerseits helfen und sammelten Geld im Krankenhaus. Winter in Deutschland, wussten sie, heißt »kalt« und dass Menschen frieren. So entschieden sie sich für »etwas zum Aufwärmen« und schickten 300 kg Tee und Kaffee. Zur großen Verblüffung in Berlin. »Die haben selber nischt und geben noch?« Aber

man wollte das Geschenk nicht ablehnen. Man wusste, für die Kenianer war's eine Herzensangelegenheit, den Deutschen zu helfen. Das gebe ihnen die Ehre zurück.
Vielleicht lässt sich dann auch umgekehrt sagen und erfahren: »Du hast den Namen, dass du tot bist, aber in Wirklichkeit lebst du«?

Kontexte

D. Bonhoeffer: »Die Kirche ist Gegenwart Christi, wie Christus Gegenwart Gottes ist« (Communio Sanctorum 1930 S.92). »Das ›Für-andere-da-Sein‹ Jesu ist die Transzendenzerfahrung.« »Glaube ist das Teilnehmen an diesem Sein Jesu« (Widerstand und Ergebung. © Gütersloher Verlagshaus, Gütersloh, in der Verlagsgruppe Random House GmbH, München)

Nur wer für die Juden schreit, darf auch gregorianisch singen (D. Bonhoeffer angesichts der Gefahr, dass sich auch Mitglieder der Bekennenden Kirche in schlimmer Zeit zurückzogen in religiöse, ästhetische, liturgische, meditative, gesangliche Selbstbeschäftigung; zit. bei C. Gremmels/H. Pfeifer, Theologie und Biographie. Z. B. D. Bonhoeffer, München 1983 S.53)

Maßstab alles kirchlichen Redens und Handelns ist die Heilung der Welt. / Kirche ist also die Fortsetzung der Initiative Jesu. (Günter Kegel, Glaube ja, Kirche nein? Anstiftung zu einer neuen Reformation. Stuttgart 1994 S. 165 / 167, These 34 / 50)

Dass soziale Beziehungen gesundes Altern begünstigen, ist bekannt. Wer allein ist, stirbt schneller als derjenige, der Gesellschaft hat. Das hat, wie neue Untersuchungen zeigen, weniger mit dem Hilfebekommen als mit dem Hilfegeben zu tun. Eine Langzeitstudie an 423 älteren Ehepaaren fand in fünf Jahren heraus, dass in der Gruppe derer, die Hilfe bekamen, die Sterblichkeit leicht zunahm, während sie in der Gruppe derer, die Hilfe gaben, um 85 Prozent abnahm. Natürlich lag die Vermutung nahe, dass diejenigen Personen, die primär gesünder waren, auch eher in der Lage waren, zu helfen. Um das zu klären, bezog man Daten zur körperlichen und seelischen Gesundheit sowie zu gesundheitsrelevanten Verhaltensweisen (...) in die Analyse mit ein. Danach zeigte sich noch immer, dass Helfen die Sterblichkeit um 56 Prozent senkt. Selbst wenn man Bildung, Einkommen, Stress, Krankheitsrisiken und Persönlichkeitsmerkmale in die Auswertung einbezog, blieb immer noch eine vermehrte Sterblichkeit von 23 Prozent bei den Empfängern von Hilfe und eine um 54 Prozent reduzierte Sterblichkeit bei den Helfern. Mit anderen Worten: Helfende leben länger. (...) Man verglich den Effekt dabei mit der statistischen Wirkung von Aspirin auf die Sterblichkeit, und da zeigte sich: (...) Einem anderen Menschen ... zu helfen, hat im Vergleich zur Einnahme von Aspirin etwa den fünffachen positiven Effekt. (...) In der Summe hatten sieben von zehn Formen des Helfens einen eindeutig positiven Effekt auf die Lebenserwartung ... (Manfred Spitzer, Wer hilft, lebt länger. Badische Zeitung 16. 9. 2006, Rechte beim Autor)

4. Sonntag im Advent
Das Buch Jesaja 52,7–10

Ulrich Haag

Exegetisch-homiletische Skizze

Wie lieblich sind die Hände auf der Haut der Geliebten.
Sie fahren die Hügel hinab und hinan.
Sie wecken Seufzer des Jubels.
Sie verheißen Fülle.
Sieh, da kommt er zurück als ein König in Größe,
in seinen Augen bist du die Schönste.
Und bald können aller Augen erkennen,
wie er dich getröstet hat.

So oder ähnlich könnten die Verse geklungen haben, die die Vorlage für die Weissagungen des zweiten Jesaja über Gottes Rückkehr nach Zion abgegeben haben. Immer wieder hat die alttestamentliche Auslegungswissenschaft versucht, Jes 52,7–10 formgeschichtlich zuzuordnen (Hymnus anlässlich der Thronbesteigung; Schema des Königspreises, Erhörungsorakel; vergleiche dazu Claus Westermann, Das Buch Jesaja, Kapitel 40–66, 4.Auflage, Göttingen 1981, Seite 202). Überzeugt haben diese Versuche die jeweils übrigen Vertreter des exegetischen Zunft samt und sonders nicht.
Die Predigtperikope weist meines Erachtens sowohl in ihrem Vokabular als auch in ihrem Bildmaterial eine erkennbare Nähe zum Liebesgedicht auf. Vielleicht hat eine Art Kamasutra Pate gestanden, eine poetische Anleitung zur erotischen Liebe, die bisher jede Hochkultur hervorgebracht oder zumindest übersetzt hat. Dass der Prophet Zugang zu dieser Hochform der Literatur hatte, zeigt etwas vom sozialen Aufstieg in die babylonische Oberschicht, die zumindest einzelne der exilierten Israeliten durchlaufen haben. Nach einer langen Zeit der Demütigung, Ohnmacht

und Depression haben wir es hier mit dem Aufblühen einer erotisch aufgeladenen Sprache zu tun. Ergebnis der Inspiration durch die Poesie der umgebenden Kultur ist eine sprachliche Kraft, wie sie uns in der hebräischen Bibel sonst nur selten begegnet.
Künden, kundtun, verkündigen, sagen, rufen, jauchzen, jubeln. Drei Verse (7 bis 9a) wie ein Vokalensemble, so dicht formuliert, dass sie die Stimmen tatsächlich zum Klingen bringen. Doch wer spricht? Wer ruft? Wer verkündigt wem was? In Vers acht ist Zion der ausdrücklich angesprochene Adressat, in Vers neun sind es die Trümmer Jerusalems, an die sich die Aufforderung zu jubeln richtet. Doch wendet sich der Vers sieben nicht an die Stadt, sondern spricht über sie. Er lenkt die Aufmerksamkeit ebenfalls auf ein akustisches Phänomen, nämlich die Tritte des Freudenboten. Nur: An wessen Aufmerksamkeit wird hier appelliert? An die der Exilierten des Volkes Israel im fernen Babylonien, an die sich nach überwiegender Meinung der Ausleger die Worte des zweiten Jesaja ursprünglich richteten? Wer ist dann der Adressat der Verse 9b und 10? Israel kann es nicht sein, denn »das Volk« ist selbst Gegenstand der Aussage: Gott hat es getröstet. Sprechen diese Sätze einen fiktiven dritten an, zielen aber dennoch auf die babylonische Diaspora-Gemeinde? Für den Leser, die Leserin zu Beginn des dritten Jahrtausends sind diese Zusammenhänge nicht mehr zu entschlüsseln. Doch entspricht das Stimmengewirr unmittelbar vor dem Eintreffen eines lange erhofften Ereignisses in seinem Durcheinander und seiner spürbaren Aufgeregtheit genau der geschichtlichen Situation nach dem Zerfall des Babylonischen Reiches.
Die Väter der Perikopenordnung erkannten in diesen Versen ein Zeugnis der Naherwartung – und wohl mehr als das. Sie sind performative Rede, das heißt, sie ziehen diejenigen, die sich ihr Zeugnis lesend oder hörend vergegenwärtigen, in die Spannung auf unmittelbar Bevorstehendes hinein. Damit sind sie ein Stück Poesie, in der sich die Vorfreude der Christinnen und Christen auf das nahe Weihnachtsfest noch heute authentisch artikulieren kann – ein zeitloser Code sozusagen, Gotteswort von besonders empfundener Gültigkeit.

Das Motiv des Ankommens verbindet die Perikope mit der Ankunftszeit des Kirchenjahres, dem Advent. Zunächst ist es der Freudenbote, der bejubelt wird. Allein die Tatsache seines Kommens ist eine Nachricht, die lange erwartet wurde. Auch seine Botschaft ist mehr als eine Nachricht, mehr als eine Information. Frieden, Glück, Heil, so übersetzt Fohrer die Trias in Vers 7. Diese drei werden nicht nur angekündigt. Es handelt sich um Zusagen, die in dem Moment, wo der Prophet sie in Worte fasst, wirklichkeitsgestaltende Kraft entwickeln, zur Tatsache, zur Tat werden. Dafür steht Gott selbst ein. Seine Ankunft in Jerusalem ist die Ursache für die zu verzeichnenden grundstürzenden Veränderungen. Wer daran zweifelt, wird durch die Augenzeugenschaft der Späher überzeugt: Mit eigenen Augen sehen sie und mit eigenem Mund bejubeln sie die Heimkehr Gottes in seine Stadt.

Der Advent Gottes ist das dominierende Thema der Perikope. Und doch verbreiten die Verse zugleich eine Aufbruchstimmung. Nicht erst die Verse 11 und 12 machen deutlich: Der Prophet will in Bewegung setzen. Seine Vision richtet sich gegen die zahlreichen Hindernisse, auf- und aus der babylonischen Gefangenschaft auszubrechen. Gegen alle Vorbehalte, den Auszug zu wagen, führt er das eine, alles schlagende Argument an: Gott selbst hat sich auf den Weg gemacht. Mehr noch: Er ist bereits angekommen. Er ist nicht mehr hier in Babylonien. Wer nun noch zögert, wer nun noch bleibt, bleibt tatsächlich in der Fremde, in gottlosem Gebiet.

Wer konnte sich der Kraft dieser plastischen, detailreichen und lautmalerischen Schilderung entziehen? Vielleicht nicht einmal Gott selbst, der sich mit seinem Handeln an die Verheißungen des Propheten gebunden wusste. Jesaja redet Gottes Rückkehr nach Jerusalem herbei. Unter der Kraft seiner Worte wird sie Wirklichkeit.

Predigtidee

Ausgehend von einer vorweihnachtlichen Betrachtung versucht die Predigt zu zeigen, wie ähnlich und wie unterschiedlich die Erwartungen des Volkes Israel zu denen von uns heute sind – und wie treffsicher die Verheißungen Gottes bis heute bleiben.

Predigtthema

Im Singen der Adventslieder Gottes Verheißungen ergreifen.

Das Lied »Wachet auf, ruft uns die Stimme« (EG 147) zitiert in der ersten Strophe Vers 8 des Predigtabschnitts und schmückt ihn festlich aus. Zwar steht es im Evangelischen Gesangbuch unter der Rubrik »Ende des Kirchenjahres«, ist jedoch genauso gut als Adventslied zu singen. Der Freude – sie ist das Motiv des Leitverses zum 4.Advent – wird in der dritten Strophe auf geradezu unbändige Weise Ausdruck verliehen. Nebenbei scheint in der zweiten Strophe etwas von der erotischen Beziehung von Zion zu ihrem »Freund« auf. Die Predigt nimmt im möglichen Schluss auf das Lied Bezug.

Auch in »Macht hoch die Tür« (EG 1) klingen mehrfach Motive aus der Predigtperikope an.

Die Freude über das Kommen des Königs scheint auch in »Tochter Zion« (EG 13) auf.

Das Sündenbekenntnis nimmt auf den Psalm des Sonntags (Ps 102,14.20–23) Bezug.

Sündenbekenntnis

Mach dich auf, komm zu uns,
erlöse uns aus der Hetze unserer Besorgungen,
höre das Seufzen unserer Seelen,
unseren knappen Atem,
die wir gefangen sind
in unseren eigenen Ansprüchen
an ein gelungenes Fest,
Kinder des Todes.
Wir sehnen die Zeit herbei,
dass du dich gnädig erweist,
an allen, die auf dich warten.
Mach dich auf, komm zu uns.
Erbarme dich.

Kollektengebet

Der du die Trümmer zum Singen bringst,
die Einöde zum Jubeln,
zum Blühen das wüste Land,

wir bitten dich,
weck unsere Stimmen,
belebe unser Gemüt
und mach unsere Seelen lebendig
durch dein Wort.

Fürbittengebet

Wir feiern dein Kommen und denken zugleich an die, zu denen keiner mehr kommt. Lenke unsere Schritte, dass wir für sie eintreten. Erhöre uns.
Wir denken an die, die sich aus eigener Kraft nicht mehr auf den Weg machen können und sich danach sehnen, dass sie jemand besucht: Erhöre uns.
Wir denken an die, die sich selbst und andern zum Ekel geworden sind, und sich sehnen, dass ein Mensch sie anrührt: Erhöre uns.
Wir denken an die, deren Denken sich auflöst, deren Persönlichkeit zerfällt, die nicht mehr sind, wer sie einmal waren: Erhöre uns.
Wir denken an die, die hinter den Mattscheiben hängen, hinter Nintendos und Playstations und nur darauf warten, dass jemand etwas mit ihnen unternimmt: Erhöre uns.
Wir denken an die, die zu Unrecht beschuldigt werden, seit Jahren gefangen sitzen, die dürsten nach Gerechtigkeit und danach, dass sich jemand für sie einsetzt: Erhöre uns.
Wir denken an die, die in vergessenen Weltgegenden ausharren, gehetzt von Milizen, drangsaliert von Kriegsherren, die täglich beten, dass jemand kommt und sie in Schutz nimmt: Erhöre uns.
Wir denken an die, deren Felder verdorren, deren Ernten man verbrennt, die ihre Kinder hungern sehen, die täglich beten, dass jemand kommt, ihren Hunger zu stillen: Erhöre uns.

Vorschlag zur Predigt

Möglicher Anfang

Und was liegt bei Ihnen unter dem Baum, diesmal? Sie wissen es noch nicht? Ein paar Tage vor Weihnachten ist doch normalerweise alles klar: wer wem was schenkt. Wer bei wem wann zu Besuch kommt. Die Überraschungen sind geplant, der Christstollen angeschnitten, die Plätzchen schmecken längst gewohnt, das Fest ist beinahe schon verbraucht, aus und vorbei, bevor es eigentlich auf dem Kalender steht. Marzipankartoffeln gab es schon seit September, Schokoladenprinten ab Anfang Oktober, das weihnachtliche Gedudel aus den Kaufhauslautsprechern müssen wir seit drei Monaten ertragen, Innenstädte sind seit Anfang November illuminiert, die Weihnachtsmärkte beginnen noch vor Totensonntag. Und bevor das Fest wirklich zu Ende ist, Anfang Januar, werden die ersten Schokoladenhasen die Regale füllen.

Hinter all dieser viel zu frühen, viel zu langen weihnachtlichen Gefühlsduselei steht eine tiefe Verunsicherung. Steht ein Bedürfnis nach Geborgenheit. Wer die Weihnachtszeit auf die Monate Oktober bis Dezember ausdehnt, der sehnt sich besonders intensiv nach dem, was die Engel in der Nacht der Geburt verkünden: Friede auf Erden und den Menschen ein Wohlgefallen. Diese Zusagen klingen auch in unserem Predigtabschnitt an, der Verheißung Jesajas an die Trümmer Jerusalems: Friede, Glück, Heil und vor allem Gegenwart Gottes. Die wird vermutlich in unseren Breiten zu unserer Zeit am meisten vermisst: Ich sehne mich danach, dass ich etwas von der Nähe Gottes spüre, einen Fingerzeig von ihm erkenne, dass er mich einmal anrührt, mich umfängt und ich es merke, dass ich endlich und einmal nur sicher sein kann, dass er wirklich da ist. Mitunter kommt es selbst mir so vor, als hätte sich Gott aus unserem Leben davongeschlichen. Vielleicht ist es ihm zu laut, zu diesseitig, zu sehr an dem orientiert, was wir besitzen und erreichen können. Manche versuchen bewusst einen anderen Weg zu gehen, versuchen mit Hilfe spiritueller Übungen oder neuer religiöser Programme wieder mit Gott in Berührung zu kommen. Doch bleiben die Rituale meist leer, die Beschwörungen der Priester und die Worte der Prediger klingen von Mal zu Mal hohler – weil Gott offensichtlich tatsächlich nicht mehr da ist, um sie einzulösen. Wer soll da nicht den Mut verlieren? Kein Wunder, dass die meisten die Suche aufgegeben haben und sich darauf beschränken, aus ihrem Leben das Maximum an Spaß zu beziehen.

An dieser Stelle ist Raum für ein Stück konkrete Zeitkritik aus der Sicht der jeweiligen Predigerin, des Predigers, beziehungsweise der Gemeinde. Sie kann münden in die Fragen:
Wohin geht die Gesellschaft, die uns umgibt?

Wo ist Gott hin?
Wohin sollen wir uns wenden?

Zum weiteren Verlauf

Vor diesen Fragen stand auch das Volk Israel gegen Ende des babylonischen Exils. Die Generation der Großeltern hatte die Schrecken der Zerstörung Jerusalems und 2000 Kilometer vernichtenden Marsch durch die Wüste am eigenen Leib erlebt. Die zweite Generation war unter diesem Schock groß geworden, hatte unter der Diktatur der babylonischen Soldateska ein Minimum an Lebensmöglichkeiten erkämpft. Doch mit der Zeit wurde die Haltung der Soldaten lasch, die Beamten wurden korrupt, die Edikte des Königs schwammig. Dies alles ließ neue Entfaltungsmöglichkeiten für die Israeliten zu. Die dritte Generation begann, sich in Babylonien heimisch zu fühlen und einen bescheidenen Wohlstand aufzubauen. Deren Kinder schließlich wuchsen praktisch als Einheimische heran, als Babylonier mit jüdischer Religion.
Anfangs waren die Israeliten noch überzeugt gewesen, Gott wolle sie in dieser erbarmungslosen Fremde zur Strafe für die Abwege ihrer Väter leiden sehen. Nun, nach 70 Jahren, verlor das Leben in der Ferne den Charakter der Strafe. Wollte Gott die Israeliten überhaupt noch in Babylonien sehen? Das Reich zerfiel, die Ordnung löste sich auf. Das konnte nur bedeuten, dass Gott sich von den babylonischen Herren abgewendet hatte und sich nun eines anderen Reiches bediente, um die Weltgeschichte voranzutreiben. Die Angst vor den Eroberern aus dem Osten machte die Runde. Würden sie den Unterschied zwischen einstigen Sklaven und Herrschern erkennen? War es sinnvoll, zu bleiben? Oder war es ratsam, das Weite zu suchen und in das Land der Großeltern zurückzukehren?
Wohin geht die Gesellschaft, die uns umgibt?
Wohin sollen wir uns wenden?
Und welchen Weg hat Gott eingeschlagen?

An dieser Stelle kann eine auslegende Wiederholung des Predigtabschnittes folgen.

Möglicher Schluss

Die Verheißungen Jesajas hinterlassen bei mir eine gewisse Ratlosigkeit. Der Prophet wusste damals offenbar genau, was von Gott aus zu sagen war. Und wohin Gott sich begeben hatte. Wer von uns heute hat den Mut und die Gabe, so von Gott zu reden?

Am ehesten sind es die Adventslieder, die, so alt sie auch sein mögen, denjenigen, die sie singen, unbeirrt bestätigen, dass Gott sich nicht von den Menschen zurückzieht, sondern immer wieder bereit ist, »bei uns einzukehren«. In vielen vertrauten Adventsliedern klingen die Worte des Propheten an: »Wachet auf, ruft uns die Stimme ...« Ruft uns die Stimme – keine Frage, das, was damals in Jerusalem geschehen ist, dass Gott in überwältigender Schönheit in den Alltag der Trümmerbewohner Jerusalems einbricht, das geschieht heute uns! Uns ruft die Stimme des Propheten. Wir sind es, denen das Herz vor Freude springen soll, noch nie haben unsere Augen größere Freude gesehen, unsere Ohren größere Freude gehört. Sooft wir diese Lieder singen, fassen wir die Verheißungen Gottes beim Rockzipfel. Wir singen etwas von der Wirklichkeit Gottes herbei, wie damals der Prophet Jesaja die Wirklichkeit Gottes herbeigeredet hat. Dass Gott auf dem Weg ist, um seinem Volk beizustehen. Dass er sich nicht von uns zurückzieht. Dass er Mensch wird, bei uns einkehrt und uns begleitet, so dass wir seine Nähe spüren. Heute. Und in den Tagen des Festes, das vor uns liegt.

Einleitungsteil mit Kindern
4. Sonntag im Advent

Oliver Böß

Leitmotiv: Maria – Vorbild im Glauben

Psalm
neu nach dem Lobgesang der Maria:

Tief in mir drinnen ist es warm und friedlich – ich bin glücklich!
Ich bin nichts Besonderes, hab' ich gedacht – aber Gott sieht das anders:
Er gibt sich mit mir ab, ja, er beschenkt mich, er ehrt mich –
Gott, der so groß und mächtig ist, größer und mächtiger als jeder König:
Er sieht mich, Er achtet mich!
Gott, ich bekomme so viel Gutes von dir – ich danke dir von Herzen!
Und alle Menschen, die mit ihren Sorgen und mit ihren Freuden zu dir kommen –
sie werden wie ich von dir beschenkt; denn du bist ein guter, ein barmherziger Gott.
Du bist bei denen, die es nicht so gut haben auf der Welt.
Du willst nicht, dass jemand hungert oder ungerecht behandelt wird.
Neid, Hass und Gewalt sind schrecklich und tun auch dir weh.
Denn du willst für uns Menschen den Frieden.
Die Weihnachtszeit erzählt davon, dass du ihn uns bringst, deinen grenzenlosen Frieden.
Danke, guter Gott!

Lesung: Lk 1,26–38 Maria öffnet sich der Gnade Gottes; in: Neukirchener Kinder-Bibel, »Gute Nachricht für Maria«)

Lied

Licht der Liebe (z. B. in »Das Kindergesangbuch« Nr. 25) oder: Melodie EG 455 (Morgenlicht leuchtet) mit neuem Text:

1. So wie Maria / wünscht Gott sich Menschen, / die seine Engel / hör'n und versteh'n.
Gott schickt uns Zeichen, / dass wir vertrauen / und ohne Angst dann / Seinen Weg geh'n.
2. So wie Maria / liebt Gott uns alle, / und Er braucht jeden / für Seinen Plan.
Sein Plan heißt: Frieden / unter uns Menschen! / Dann erst fängt wirklich / Weihnachten an.

Besondere Aktion

Biblische Erzählfiguren (»Egli-Figuren«), die allesamt Maria darstellen sollen, durch die Reihen geben. Wer möchte, darf die Figur formen: Welche Gestik/Haltung hatte wohl Maria, als der Engel zu ihr kam? Anschließend eine »Maria« zusammen mit einem Engel auf den Altar stellen und beide Figuren in Beziehung zueinander treten lassen (die Kinder ausprobieren lassen: Welcher Abstand ist für sie am stimmigsten, welche Körperhaltungen würden passen?).

Heiliger Abend
Der 1. Brief an Timotheus 3,16

Claudia Kettering

Exegetisch-homiletische Skizze

Der Text bietet das Auseinandersetzungsergebnis der frühen dogmatischen Wesensdiskussion in lyrischer Form. Ausgesprochen listig: Während die griechische Spekulationstheorie den Versuch unternimmt, die Göttlichkeit bzw. Menschlichkeit Jesu aus ihrem Philosophiehintergrund heraus mit gnostischen Elementen logisch zu erklären, der Westen dagegen die Aussagen über das Wesen Christi rein thetisch setzt (und folgerichtig später auch mit Gewalt durchsetzt), beschreibt der Vers aus dem Timotheusbrief das »Mysterium« künstlerisch – nicht spekulativ, nicht per Dekret oder Dogma, sondern in einer ästhetischen Symmetrie. Erstaunlich, dass im Kontext der Paränese, in die biedere altväterliche Tugendanweisung des 3. Kapitels (und auch schon der beiden vorherigen Kapitel) hinein in V. 16 auf einmal ein Lied daherkommt, ein altes Gottesdienstlied, mit dem der Verfasser auf das »Geheimnis des Glaubens« zurückgreift.

Die Intention des 1. Timotheusbriefes liegt in der Ermahnung zum vorbildlichen Leben. Als historischer Hintergrund ist also anzunehmen: Christinnen und Christen *können* Vorbild sein, sie leben bereits nicht mehr in der Naherwartung, sondern gut integriert, bestrebt, sich gesellschaftlich einzurichten. Andererseits sind Institutionen auf Gemeindeebene noch nicht ausgebildet, geschieht gerade erst der Versuch die *episkopoi* von den *presbyteroi* zu unterscheiden und gibt es noch keine trennscharfe Hierarchie (außer der zwischen Männern und Frauen). In dieser Situation liegt die Gefahr für Christen und Christinnen eher in einer schlechten Gemeindekohärenz oder einer schlechten Außenwirkung als in der Verfolgung. So schärft der Verfasser seinen Adressaten ein, sich doch so zu benehmen, dass sie bei anderen keinen Anstoß erregen.

In seiner Beschwörung, wie Gemeinde sein soll (Kap. 2), wie Kirchenämter wahrgenommen werden sollen (Kap. 3) – nüchtern, mäßig, gastfrei, nicht gewalttätig etc.-, gerät der Briefeschreiber, der angebliche Paulus, für heutige Leserinnen und Leser manchmal an die Grenzen des Erträglichen (den Leserinnen vor allem in der unpaulinischen Idiotie von 2,15, dass die Frau dadurch selig werde, dass sie Kinder zur Welt bringt). Welche Missstände in der Adressatengemeinde geherrscht haben müssen, gegen die der Briefeschreiber anzureden versucht, kann leicht rückgeschlossen werden. Wie wenn er jedoch der eigenen Moral müde wäre, durchbricht er das alles in den hinreißenden, gewinnenden Zeilen des 16. Verses, die in diesem Zusammenhang als Einladung in die Nachfolge verstanden werden müssen, als Hoffnung, Kirchenämter so ausfüllen zu können, dass wir dem Christus ähnlich sind. Im Zitieren dieser besten Tradition wird das Dogma von Christus als dem wahren Menschen und dem wahren Gott selbst zur Quelle, aus der heraus das richtige Gemeindevorsteher-Sein bzw. Gemeindeglied-Sein möglich wird: ein Sein wie Christus.

So wie in dem jubelnden Auftakt »Groß ist das Geheimnis des Glaubens« das Mysterion die Frömmigkeit (eusebea) umarmt, so ist das nun folgende Lied insgesamt in einer doppelten sich umarmenden Symmetrie aufgebaut:
Zum einen sind in der Querachse die Substantive einander zugeordnet: das Fleisch (Sarx) dem Geist (Pneuma), die Engel (angeloi) den Völkern (Ethnä), die Welt (kosmos) der Herrlichkeit (doxa). Zum anderen ist da die Symmetrie der Verben (allesamt imperfekt passiv) zu den Substantiven, die Zuordnung von geoffenbart zu Fleisch, von gerechtfertigt zu Geist etc. Alle Christusaussagen in der 3. Person passiv weisen dabei auf ein Geschehen an Christus, ein Gottesgeschehen hin.

Für die Weihnachtspredigt würde ich als Schlüssel zum Geheimnis des Glaubens vor allem auf Folgendes hinweisen: So wie die Verben (offenbart, gerechtfertigt, erschienen, gepredigt, geglaubt) sich ergänzen und einander ähnlich sind, verweisen sie auf die Austauschmöglichkeit von Gott und Mensch. Christus steht damit nicht nur für die soteriologische Möglichkeit des Menschen, sondern zugleich auch für eine ontologische Wahrheit: Mit den Augen Gottes betrachtet sind auch wir bereits in unserer Christusähnlichkeit offenbar, auch wir sind »gesehen« und stehen im Licht der Engel. Wie das Kind in der Krippe von ihnen bejubelt wird, so löst jeder Mensch, wenn er zur Welt kommt, Freude im Himmel aus.

Predigtidee

Weihnachten ermutigt uns, die Brille der Missbilligung und Verachtung, mit der wir uns und andere für gewöhnlich sehen, abzusetzen, mit dem »Weihnachtsblick« in die Welt zu gehen, damit wir uns und andere wieder »richtig« sehen.

Predigtthema

Die Austauschmöglichkeit von Gott und Mensch.
Jedes Geboren-Werden ist die Chance, den anderen ein Christus zu werden.
Die Christusähnlichkeit der Gläubigen ist die Kraftquelle zum lebensfreundlichen und guten Leben in der Gemeinde und vor der Welt.

Vorschlag zur Liturgie

Lieder

EG 23,1–3; vor der Predigt: EG 30,1–3 (wegen »wahrer Mensch und wahrer Gott«); nach der Predigt: EG 23,4–6. oder EG 16,(4!); Schließen mit dem Geschwisterlied: EG 27,1+4–6.

Biblisches Eingangswort

»Mache dich auf und werde licht, denn dein Licht kommt!« Jes 60,1

Eingangsgebet

Du kommst bei uns an, Gott,
bitte, sei so unwiderstehlich, wie es nur irgend geht,
Sei so zärtlichkeitserweckend wie ein Säugling,
sei so freundlich und gute Laune machend wie ein Baby.

Schenke uns Staunen und Erschütterung
angesichts des Wunders deiner Geburt.
Erfülle uns,
die wir aus dem Alltag kommen,
aus dem täglichen Einerlei,
wie die Hirten,
fülle uns, unser Herz
mit Ehrfurcht
und Freude
und lass uns spüren,
dass wir im Chor der Engel singen.
Amen.

Lesungen: Lk 2,1–20; 2 Kor 3,2–6 +18 (!)

Fürbittengebet

Gott, wir bitten dich für die vielen unter uns,
die sich mit dunklen Geheimnissen quälen müssen,
mit Trennungsgedanken, mit Abstiegsängsten,
mit Alterssorgen, Sorgen um sich selbst als Last
und Sorge für Kinder und Enkel.
Wir bitten dich für die, denen diese Geheimnisse die Kehle zuschnüren,
die nicht darüber sprechen können und an dieser Stummheit leiden.
Gott, lass deine Gemeinde ein Ort sein,
an dem die quälenden Geheimnisse gesagt werden dürfen!
Wir bitten dich um Licht ins Dunkel.

Wir bitten dich für die allzu durchschaubare Welt:
Du siehst es, wir alle sind erfasst, durch die vielen »Karten«,
die wir haben,
sind erfasst in Einkaufsweise, Spendenformen und Lebensgeschichte.
Wir bitten dich: Lass uns Wahrerinnen und Wahrer des Geheimnisses
bleiben als deine Statthalterinnen und Statthalter, Gott.
Lass uns davon Zeugnis ablegen und für das Unfassbare,
das Unerfassbare in jedem Menschen eintreten, Gott.

Wir bitten dich für deine Kirche:
Gib ihr eine Stimme, die singen kann,

und bedenke sie mit Verstummen,
wenn sie allzu geschmeidig spricht.

Und vor allem und immer wieder:
Gib uns die Freude der Hirten,
die Freude der Alltagsmenschen,
über die das Wunder kommt!
Amen.

Vorschlag zur Predigt

Möglicher Anfang

»Wahrer Mensch und wahrer Gott«, so haben wir das Kind in der Krippe gerade besungen. Hier in unserem Predigtvers ist es das Ursprungslied der Weihnachtsfreude, das Weihnachtslied der Urgemeinde. Es verzichtet auf Hirten und Schafe, auf Stall und Könige. Ein bild- und niedlichkeitsloses Lied. Und dennoch schön. Schön durch seine Struktur und seine Aussage, durch seine Form, nicht durch seine Bilder. Also eher ein »Theologenweihnachtslied«, wenn man so will. Es ist spröde und arbeitet mit Begriffen. Trotzdem: Wenn man es langsam liest, entsteht wahrscheinlich zu jedem Begriff in uns ein Bild. Nehmen Sie sich einmal Zeit zum Assoziieren:
»offenbart im Fleisch« – das Kind, die Krippe
»gerechtfertigt im Geist« – die Taube, erleuchtete Himmel, Seele und Bewusstsein
»Engel« – himmlische Heerscharen, Schutzengel
»Völker« – Ökumene, die bunte Schar der Völker, der Zug zum Zion
»Welt/Kosmos« – Schönheit und Allumfassendes, Weltall und alle Welt
»Herrlichkeit« – Weihnachten und Himmelfahrt

Genau nebeneinander stehen tief Weltliches neben Dingen himmlischer Herrlichkeit. Das Gedicht lässt in seiner Form beides sich umarmen: Körperlichkeit umarmt den Geist, die Engel die Völker, die Herrlichkeit umarmt die Welt oder die Welt die Herrlichkeit.
Nur ein Lied, ein Gedicht, kann etwas so zärtlich nebeneinanderstellen,

was sonst so hart und unwiderruflich getrennt ist: Banalität und Geist, herrliche Engel und unterdrückte Völker, gebeutelte Welt und ungeteiltes Glück. Und das alles unter der Überschrift: das große Geheimnis des Glaubens.

Ein Leichtes wäre es gewesen, nur den Geist, nur die Engel, nur die Herrlichkeit zu besingen. Dann hätten wir, was Menschen schon immer von Gott wollten: Eine geistige und geistliche Herrlichkeit mit einer Legion strahlender Lichtwesen umgeben.

Ein Leichtes wäre es auch gewesen, nur die andere Seite darzustellen: die arme Geburt, das klägliche Ende dieses armen Hingerichteten aus der hintersten Provinz des Imperiums.

Auf der einen Seite ein Halbgott ohne Erdenschwere, auf der anderen Seite eine irdische Dunkelgeschichte – so sähe es aus, wenn man das Gedicht auseinanderrisse. So wie es ist, beharrt es aber auf dieser ungeheuren Spannung, auf der Zusammengehörigkeit von Irdischem und Himmlischem. Wie in der uns bekannten Weihnachtsgeschichte ja auch nicht nur von den Engeln erzählt wird, sondern von dem Herumgestoßen-Werden der kleinen Leute Maria und Josef durch die Volkszählung, von den erbärmlichen Zuständen des Geburtsortes, eben von der Kehrseite der Engelszenerie, so gehören auch hier geistlicher Höhenflug und irdische Spesen zusammen. Die Dunkelseite des Wunderbaren – sie ist auch in diesem Gedicht nicht ausgespart.

Darum ist Weihnachten uns so ein kostbares, aber auch ein kindliches Fest, weil es das Fest der Sehnsucht ist, dass da zusammenkommen könnte, was sonst getrennt und unvereinbar ist, dass Himmel und Erde zusammenkommen könnten, Gott und Mensch.

Zum weiteren Verlauf

(Stichworte, Gliederungspunkte etc.)

1. Zweifel

Eigentlich ist doch bis zum heutigen Tag eine eher dualistische Vorstellung in unseren Herzen. In unserem Alltag glauben wir nicht daran, dass sich miteinander versöhnen könnte, was wir sonst trennen.

Beispiele: Der Geist neigt dazu, nichts vom Körper wissen zu wollen, der Körper sieht den Geist als blutleer an. / Der Mensch mehr als ein Triebbündel, genötigt, uns mit Ellenbogen durchs Leben zu arbeiten? / Wer ist schon nach einem 8-Stunden-Tag begeisterungsfähig? / Wo spüren wir

Geist und Herrlichkeit, wenn wir müde und überfordert sind? / Schützen wir uns nicht lieber durch Notlügen als die Wahrheit zu sagen? / Übervorteilen wir nicht auch andere, wenn sich die Gelegenheit bietet? ...

2. Wahrheit

Der eigene Unglaube sitzt ganz tief – aber das Lied singt uns von der tiefen Wahrheit über uns selbst. Eine Wahrheit, die wir erst sehen, wenn wir werden wie die Kinder.

Sie wird nicht erklärt, sie begründet sich nicht in unseren Alltag, aber sie gehört in den Alltag. Darum ist Weihnachten nicht nur das Fest der Kinder, sondern ein Fest, an dem wir alle wie die Kinder werden können und müssen.

3. Vertrauen

Die Wahrheit über uns selbst, sie ist eine Wahrheit, der man vertrauen muss. Besungen wird das, was jemandem geschieht (3. Person passiv!) – ein Geschehen, das auf uns zukommt! Weihnachten heißt: Gott tut etwas am Christus, an uns. Unser Part ist Vertrauen und Hingabe.

Wenn wir versuchen, mit neuen Augen auf uns zu sehen, könnten wir, mit den Worten des Liedes gesagt, aus Heiden zu Engeln werden, nämlich zu Boten des Weihnachtsgeheimnisses.

4. Die Ambivalenz des Geheimnisses

Es gibt schlechte und es gibt kostbare Geheimnisse. Wie es Wahrheiten gibt, die man verschweigen muss, und Wahrheiten, die einem anvertraut werden, so gibt es Geheimnisse, aus denen man leben kann, und solche, die einen quälen. Es kann ein Geheimnis geben, das einen beschützt, das nicht aufgeht in der Banalität des Alltags, das hinausgeht und einen groß macht.

Beispiel: Es ist ein großer Unterschied, ob ich eine heimliche Liebe habe, an die denken kann und die mir lange Stunden verfliegen macht, oder ob ich mich auf eine Affäre eingelassen habe, die ich verschweigen muss.

Von der Qualität des Verliebtheits-Geheimnisses ist Weihnachten: Es ist belebend, beglückend, verzaubernd. Es verwandelt.

Das Weihnachtsgeheimnis ist ein Heilmittel, das uns verwandeln, das uns durchs ganze Jahr tragen soll, ein Depot.

5. Verwandlung

Vielleicht hat Nietzsche recht mit seinem »Ihr müsstet erlöster aussehen, ihr Christen!« Wir sähen erlöster aus, getragen von dem Glücksgeheimnis von Weihnachten. Wir wären erlöst von der quälenden Frage, was aus uns geworden ist. Wir sind nicht etwas geworden, aber jemand geworden! Nicht eine Zahl aus der Bevölkerung, aber ein Bote des Christus.

Wir sind erlöst von dem, was Luther »Werkgerechtigkeit« nennt, von Selbstanklagen und Selbstvorwürfen wegen zu wenig Sport, zu wenig Einsatz für die Gesundheit, die Karriere, das Styling ..., erlöst vom ewigen Vergleichen mit anderen, vom Perfektionismus in Familie oder Job. Statt zu bluffen, trauen wir uns, uns preiszugeben.

Wir sind mit Christus verschwistert, d. h., wir müssen uns nicht schämen. Wir dürfen uns zeigen. Wir dürfen freundlich mit uns umgehen, auch mit unseren Schwächen und Finsternissen. Die Doxa liegt auf der Krippe, auf dem Ärmlichen und Erbärmlichen. »Groß ist das Geheimnis ...« Das Weihnachtsgeheimnis ist ein Größengeheimnis. Es geht um Größe: um unsere!

6. Christusähnlichkeit

Dieses frühe Weihnachtslied weiß sehr wohl, dass das Kind in der Krippe am Kreuz geendet ist. Und dennoch hält es daran fest, dass dieses Leben nicht nur kein Misserfolg war, sondern die Offenbarung von Wahrheit. Es war ein Leben ohne Trennung, ein Gott anheimgegebenes Leben. So ist Jesus durch die Welt gegangen und hat ohne »Missbilligungsbrille« Menschen angesehen und sie groß gemacht, und sie haben sich selber gespiegelt gesehen in seinem Blick und konnten sich selbst neu sehen in ihm und mit ihm.

Möglicher Schluss

Liebe Gemeinde, das Weihnachtsgeheimnis ermöglicht den aufrechten Gang. Das Weihnachtsgeheimnis ist das Geheimnis der Liebe: *»Ich sehe dich mit Freuden an und kann mich nicht satt sehen«* – das ist ja nicht nur unser Blick auf Christus, sondern Gottes Blick auf uns. Ein Blick, unter dem wir wachsen und uns wohlfühlen dürfen. Und mit diesem Bewusstsein von Wohlgefühl für uns selbst, können wir von uns wegsehen in die Welt. Mit einem Blick, der nicht unkritisch ist, aber wohlwollend, einem

Blick, der das Beste aus der Welt heraussieht, einem Blick auf unsere Menschengeschwister, der das Beste aus ihnen herausliebt.
Das alte Gottesdienstlied singt uns davon, wie Gott die Welt umarmt – mit ihren Dunkelheiten. Und seine Umarmung bringt die Heiligung. Das ist das Lied von Weihnachten, das wir weitersingen sollen: das Lied von der Heiligkeit des Menschen.
Wie ein Kind wächst und sich wohlfühlt, wenn es den Glanz sieht im Auge der Mutter, so – kaum zu glauben, aber wahr –, so können wir mit all unserem Dunkel den Glanz der Herrlichkeit weitergeben, weil Gottes Augen aufleuchten, wenn sein Blick auf uns fällt.
Oder wie es ein neuzeitliches Weihnachtslied besingt: »Noch manche Nacht wird fallen, auf Menschenleid und –schuld. Doch wandert nun mit allen der Stern der Gotteshuld. Beglänzt von seinem Lichte, hält euch kein Dunkel mehr, von Gottes Angesichte, kam euch die Rettung her.«

Gestaltungsidee

Weil 1 Tim 3,16 als Text in sich selbst eine Kunst ist, würde ich ihn aufs Liedblatt drucken (vielleicht von Konfis mit der Hand kalligraphisch gestaltet) und auf jede weitere Symbol- oder Bildkunst als Gestaltungsform verzichten.

Kontext

Hannah Arendt zur »Natalität« am Anfang von »Vita activa oder Vom tätigen Leben«, (© 1981 Piper Verlag GmbH, München):
Das »Wunder« besteht darin, dass überhaupt Menschen geboren werden – und mit ihnen der Neuanfang, den sie handelnd verwirklichen können kraft ihres Geborenseins. ... Dass man in der Welt Vertrauen haben und dass man für die Welt hoffen darf, ist vielleicht nirgends knapper und schöner ausgedrückt als in den Worten, mit denen die Weihnachtsoratorien die »frohe Botschaft« verkünden: »Uns ist ein Kind geboren«.

Tipp zum Text

Möglicher Aufhänger zur Predigt:
Wolf Biermann singt in einer seiner Balladen: »*Bin ich ein Finsterling, weil ich im Finstern nach Licht schreie?*« Das Gegenteil ist ja der Fall: Vieles ist noch im Dunkeln und soll heimgeholt werden ins Licht. Mit den Augen von heute gelesen, rückt das alte Lied sie nebeneinander: Schatten und Licht, Gott »im Fleisch« geboren, die Welt zur Herrlichkeit berufen, der Leib so christusgleich wie der Geist, die Völker so gute Gottesboten wie die Engel, die Welt geheilt und geheiligt wie der Himmel – Christus geschieht, wo alle, die wir ins Dunkel gestellt haben oder die noch im Dunkel stehen, ins Licht berufen sind.

1. Weihnachtstag
Der Brief an die Gemeinde in Galatien 4,4-7

Klaus Guhl

Exegetisch-homiletische Skizze:

Zweifelsfrei ist der Galaterbrief ein echter Paulusbrief aus der Spätzeit des Apostels. Paulus streitet mit judenchristlichen Gegnern, die bald nach seinem letzten Besuch Zwietracht in die Gemeinden gebracht hatten, und bezieht Position. Gegenstand der Kontroverse ist die Rolle des Gesetzes. Die Gegner lehnten die gesetzesfreie Heidenmission (ohne Beschneidung und Toraobservanz) ab. Paulus hält dem das Heilswirken Christi gegenüber, das sich in der Niedrigkeit seiner Geburt und unter den Bedingungen des Gesetzes zwar manifestiert, darin allerdings nicht verhaftet bleibt. Die Ankunft Christi, und nicht Beschneidung und Toraerfüllung, eröffnet den Christen den Zugang zu Gott. Dies geschieht allein aus Gottes Gnade, zu einem Zeitpunkt (»als aber die Zeit erfüllt war«), den Gott dafür geeignet hält. Den hier anklingenden Aspekt der Präexistenz Christi werde ich in meiner Predigt nicht thematisieren. Wohl aber die Betonung der vollen Menschlichkeit Jesu (»geboren von einer Frau«). Mit Fragen von Jungfrauengeburt hat man sich anscheinend zu dieser Zeit (noch) nicht abmühen müssen.
Nun ist die damalige Kontroverse um die Bedeutung des Gesetzes für die Christen in ihrer Tiefe den durchschnittlichen heutigen Hörern kaum noch zu vermitteln. Der kulturpolitische Hintergrund ist ein anderer geworden. Darum vernachlässige ich den traditionellen Nomos und übertrage ihn sehr frei mit: unter menschlichen Bedingungen stehend. Ich deute es so: Damals wie heute sind Menschen nicht autonom in ihrer Lebensgestaltung, sondern unterliegen Sachzwängen, Traditionen, Erwartungen, Normen und Werten. Fremdbestimmte und eigene Ziele, gesellschaftliche Ideale und Ansprüche, Leistungsdruck u. a. m. erzielen heute einen gesetzlichen Effekt unter säkularen Bedingungen. Aber auch unter

diesen veränderten Bedingungen ist Christus für uns Heutige wirksam. Sein Heilswirken gilt nicht nur unter den Bedingungen des damaligen Nomos, ist nicht historisch begrenzt.
Christus wurde unter menschlichen Bedingungen geboren. Sein Kommen sagt die heilsame Befreiung von Zwängen zu, wie auch immer diese Bedingungen zur jeweiligen Zeit auch heißen mögen. Christus fiel nicht einfach als Halbgott vom Himmel, war kein Engelbote mit Heiligenschein, kein Luftwesen, sondern Mensch, als Kind einer Frau geboren, schwach und in den ersten Tagen auf Muttermilch angewiesen. Auch der Heiland machte in die Windeln und hatte Bäuerchen. Es mag uns merkwürdig erscheinen, das aber genau sind menschliche Bedingungen eines Säuglings. Dennoch bzw. gerade deshalb ereignet sich im Kommen Christi das Heilswirken Gottes. Soteriologie ist Kern christlichen Glaubens und nicht Toraerfüllung und Beschneidung, betont Paulus.
Diese Heilstat Gottes befreit den Menschen aus seiner Knechtschaft zur mündigen (erbberechtigten) Kindschaft und eröffnet somit einen neuen zukünftigen Horizont. Im Geiste Gottes erhält der Getaufte einen Rechtsanspruch auf das künftige Erbe. (»Du hast zu deinem Kind und Erben, mein treuer Heiland, mich erklärt«, EG 200, 2 Strophe). Auf die Frage des Loskaufs aus der Knechtschaft durch den Opfertod Christi gehe ich nicht weiter ein. Interessant aber ist, dass der kindlich naive, familiär intime »Abba«-Ruf schon sehr früh liturgisch verankert zu sein scheint.
In wenigen Zeilen wirft Paulus einen Blick zurück und begründet die christliche Existenz, daraus resultiert bei ihm der Blick nach vorn in eine neue Zukunft und natürlich ändert sich nun auch das eigene, gegenwärtige Selbstverständnis. Diesem Dreierschema, das den drei Grundfragen Woher komme ich?, Wer bin ich? und Wohin gehe ich? entspricht, folgt meine Predigt in ihrem Aufbau.
Christus ist gekommen zu den Menschen, damals vor 2000 Jahren. In einem bestimmten Land, mit einer bestimmten historischen Situation (Römer) und einer bestimmten kulturellen Situation (Juden und das Gesetz). Wenn das mehr sein soll als eine schöne, alte Geschichte, dann kommt er auch zu uns, heute. Zu bestimmten anderen Menschen, zu einer bestimmten anderen Zeit, in einer bestimmten kulturellen Situation. Auch uns schließt er den Himmel auf und eröffnet uns ein besseres Verständnis des gegenwärtigen Daseins.
Es wird ruhig werden am 1. Weihnachtsfeiertag. Die Hektik der vorweih-

nachtlichen Adventszeit hat sich gelegt. In den Gottesdienst am 1. Weihnachtsfeiertag kommen die Treuen, wie immer, und die, denen es am Vorabend zu unruhig war. Häufig kommen auch junge Menschen, die in diesen Tagen ihre Eltern besuchen und mal wieder in ihrer Kirche vorbeischauen. Oft sind gerade sie es, die eine nostalgisch geprägte Erwartung an den Gottesdienst mitbringen. Die Evangeliumslesung kommt diesem Interesse entgegen. Bei der Liedauswahl ist darauf zu achten.

Predigtidee

Erlöst durch Christus, eingesetzt zu Erben als seine Geschwister.

Predigtthema

Christliche Identität. Wer bin ich? In den Augen Gottes: sein Geschöpf, emanzipiert und frei. Aus eigener Sicht: zu oft den so genannten Sachzwängen ausgeliefert, sich selbst unterwerfend.

Vorschlag zur Liturgie

Lieder

EG 27 Lobt Gott, ihr Christen alle gleich
EG 36 Fröhlich soll mein Herze springen
EG 56 Weil Gott in tiefster Nacht erschienen
EG 7 O Heiland, reiß die Himmel auf
EG 200 Ich bin getauft auf deinen Namen
EG 582 (Nordelbien) wegen Psalm 96: Singt Gott, unserm Herrn

Kollektengebet

Gott, Vater, Abba,
in Christus kommst du uns nah. Der Himmel berührt die Erde.
Wir bitten dich: Berühre uns durch dein Wort. Lass es hell und klar werden in uns, dass wir erleichtert und froh diesen Gottesdienst feiern im Geist deiner Liebe. Dir sei Ehre in Ewigkeit. Amen.

Fürbittengebet

Gott,
mit Sorge sehen wir manchmal die Welt, bekommen es dann mit der Angst und möchten uns am liebsten verschließen. Das ist wohl nicht in deinem Sinne. Aus eigener Kraft allein werden wir die Welt aber nicht verändern können. Wir brauchen dich, deinen Geist der Barmherzigkeit, deine Kraft der Liebe, deinen Zuspruch, der uns trägt und bewahrt.
Vor dir denken wir heute besonders an die Menschen ohne Heimat, die Menschen auf der Flucht vor Unterdrückung, auf der Flucht vor Krieg, auf der Flucht vor Verfolgung, auf der Flucht vor Hunger und Not. Unser reiches Land, unsere Kirche, unsere Gemeinde, wir, einzeln und zusammen können helfen. Auf ganz verschiedene Art. Stütze uns, Gott, in unserem Tun nach deinem Willen.
Gott, es gibt Menschen, die in sich selber nicht zu Hause sind. Einsame ohne rechte Freunde, Entwurzelte ohne Perspektive, Verlassene mit Sehnsucht nach Liebe. Wir bitten dich für diese Menschen. Dein Wort gilt allen Menschen, in deiner Kirche sollte ein Platz für alle sein.
Vater unser ...

Vorschlag zur Predigt

Möglicher Anfang

Gegenwart I. Was ist?
War´s das? Ist, eh wir uns recht versehen, schon wieder alles vorbei? Ist Weihnachten am Morgen des 1. Feiertags nur noch ein matter Nachklang vom Heiligen Abend? Oder geht es jetzt erst richtig los? Werden es schöne Stunden im Kreis von lieben Menschen oder routiniert abgespulte familiäre Pflichtübungen? Entspannen und genießen wir die besondere Ruhe und Feierlichkeit dieser Tage oder wird es uns bald zu viel und wir planen schon insgeheim die Termine der nächsten Tage?
Sicher, wir haben uns lange auf diese Tage gefreut. Die Kinder besonders. Und dann ging alles auf einmal ganz schnell. Nichts war wie geplant, der Arm der ersehnten Traum-Barbie brach ab, das ferngesteuerte Auto rast doch nicht so schnell wie erhofft. Jemand sagt seinen versprochenen Besuch ab. Leicht mischt sich Ernüchterung in die Stimmung und bricht den strahlenden Glanz. So soll es doch nicht sein. Da ist doch mehr als

Geschenke und Familientreffen. Hat das Weihnachtsfest mich eigentlich berührt oder vielleicht sogar bereichert? Diese Geschichte vom Gott, der als Kind auf die Erde kommt. Hat es mich erreicht, dass der Himmel die Erde berührt. Kam er auch zu mir?
Der Himmel berührte die Erde und ein Zugang zu Gott wurde frei. Darum geht es. Das ist der Kern aller Dinge, will Paulus im Galaterbrief mitteilen. – *Lesung* – Gottes Sohn kam auf die Welt. Zu einer bestimmten Zeit hat Gott es so gewollt. Unter bestimmten Bedingungen.

Zum weiteren Verlauf

Was war?
- Christus kam in eine konkrete historische Situation.
- Er kam unter menschlichen Bedingungen.
- In eine bestimmte kulturelle Situation (Gesetz)
- Damals regelte das Gesetz das ganze Leben
- Wirkung des Gesetzes auf Menschen
- Notwendigkeit der Befreiung
- Die Ankunft Christi
- Soll in seinem Heilswirken mehr sein als eine alte Geschichte?

Gegenwart II. Was ist?
- Christus kommt auch heute zu uns, wenn auch unter veränderten historischen und kulturellen Bedingungen.
- Wir denken beim Stichwort »Gesetz« nur an Justiz und Naturgesetze. Es ist mehr.
- Beschreiben von entsprechenden gesetzlichen Zwängen heute.
- Heute nennen wir es Sachzwänge und sie versperren uns den Zugang zu Gott und zum Leben.
- Genauer: Wir versperren Gott den Zugang zu uns.
- Zukunft, der neue Horizont: Was wird sein?
- Freiheit von gesetzlichen Zwängen
- Erbe

Möglicher Schluss

Die veränderte Gegenwart III unter dem Zuspruch der Erlösung
Wo der Himmel die Erde berührt? Da, wo Menschen lieben. Was auch immer, ihre Kinder, ihre Arbeit, die Musik, ihren Partner, von mir aus: ihre Heimat. Wir spüren dieses Glück, wenn wir geliebt werden. Dann

berührt der Himmel die Erde und es geht uns gut. Kinder erleben die Liebe durch die Eltern. Christen können Gott ihren Vater nennen. Wir erleben Liebe dankbar und glücklich, reichlich beschenkt. Das schönste Geschenk zu Weihnachten.
Manchmal erleben wir Liebe als Sehnsucht, zaghaft hoffend in der Krise, in Trauer und Einsamkeit. Auch auf schwankendem Boden ist Gott uns nah. Sein Zuspruch gilt. Auch, wenn er sich in Zukunft erst vollendet. Wie eine zukünftige Erbschaft mich heute schon erfreut, macht sie mich doch mancher Sorgen ledig, obwohl das Geld noch nicht auf meinem Konto sicher verbucht ist. Wer Gottes Zusage traut, seinem Bund der frohen Botschaft in Jesus Christus, der ist jetzt schon ein Stück befreiter. Er weiß zumindest, dass Karriere, Geld und Ansehen letztlich nicht alles ist, und geht so auf Abstand zu diesen Werten und macht so Raum in sich für den Glauben. Die durch Christus gewonnene Freiheit eröffnet uns einen neuen Horizont. So wie der Erbe weiß, dass er sorglos leben kann, weil er eines Tages über Reichtum verfügen wird, so dürfen wir als Christen im Vertrauen auf Gottes Güte in die Zukunft gehen. Amen.

Gestaltungsidee

Der 1. Weihnachtsfeiertag ist kein Tag für große Experimente. Menschen suchen Ruhe, Zuspruch und Harmonie. Wir Pastoren verwenden viel Energie auf den Heiligen Abend. Der 1. Feiertag kommt leicht etwas zu kurz und wird eher pflichtgemäß abgewickelt. Es lohnt sich jedoch, diesen Gottesdienst liebevoll zu gestalten. Wer kann, bittet einen Menschen mit Querflöte/Geige für meditative Elemente im Gottesdienst. Keine Scheu vor langen Liedern!

Aktionen

1. Am Ausgang können die Besucher eine Anzahlung auf das Erbe mitnehmen. Dazu legt man in eine hübsche Schatulle Bibelworte als Lose gefaltet und Goldtaler.
2. Die Gottesdienstbesucher entzünden eine Vigilkerze, nehmen diese

Kerze mit nach Hause und entzünden mit dieser Kerze den häuslichen Baum.

3. Man lese mit verteilten Rollen von Hans-Dieter Hüsch: Feiertage (s. Internet).

Kontext

Es gibt gewiß auch einen dummen, feigen Optimismus, der verpönt werden muß. Aber den Optimismus als Willen zur Zukunft soll niemand verächtlich machen, auch wenn er hundertmal irrt. Er ist die Gesundheit des Lebens, die der Kranke nicht anstecken soll. Es gibt Menschen, die es für unernst, Christen, die es für unfromm halten, auf eine bessere irdische Zukunft zu hoffen und sich auf sie vorzubereiten. Sie glauben an das Chaos, die Unordnung, die Katastrophe als den Sinn des gegenwärtigen Geschehens und entziehen sich in Resignation oder frommer Weltflucht der Verantwortung für das Weiterleben, für den neuen Aufbau, für die kommenden Geschlechter. Mag sein, daß der jüngste Tag morgen anbricht, dann wollen wir gern die Arbeit für eine bessere Zukunft aus der Hand legen, vorher aber nicht.

(Dietrich Bonhoeffer, aus »Widerstand und Ergebung«, © Gütersloher Verlagshaus, Gütersloh in der Verlagsgruppe Random House GmbH, München)

Tipp zum Text

Luthers »Von der Freiheit eines Christenmenschen«

2. Weihnachtstag
Der 2. Brief an die Gemeinde in Korinth 8,9

Thomas Waldeck

Exegetisch-homiletische Skizze

»Denn ihr kennt die Gnade unseres Herrn Jesus Christus: obwohl er reich ist, wurde er doch arm um euretwillen, damit ihr durch seine Armut reich würdet.«
Während der 1. Korintherbrief eine mehr oder weniger klare Gemeindesituation erkennen lässt, ist der 2. Korintherbrief diffuser: Die Angriffe gegen den Apostel Paulus, die persönlichen Konflikte mit den Gegnern, die Verdächtigungen und die Liebe zwischen Apostel und Gemeinde lassen nur unklare Rückschlüsse ziehen auf die Situation der Gemeinde. Jedenfalls treffen aus Korinth schlechte Nachrichten ein. Hauptthema des 2. Korintherbriefes ist die Legitimität des Apostelamtes des Paulus. Zwischen dem 1. und dem 2. Korintherbrief liegt ein Abstand, der darauf schließen lässt, dass das Verhältnis zwischen Paulus und seiner Gemeinde in Korinth schwer erschüttert wurde. Deswegen unternimmt Paulus kurz entschlossen eine Reise nach Korinth, die wohl unglücklich verlaufen ist. Es kam zu einem öffentlichen Eklat. Ein prominentes Gemeindeglied hat sich in der Gemeindeversammlung abfällig und beleidigend über den Apostel Paulus geäußert, der daraufhin überstürzt die Gemeinde verlässt.

In Kapitel 8 – 9, zu dem auch der Predigttext gehört, behandelt Paulus in einem eigenständigen Abschnitt, der möglicherweise nicht zum Urbestand des 2 Kor gehört hat, die Thematik des Geldsammelns für die Gemeinde in Jerusalem. Paulus bittet die Gemeinde um Geld und wünscht ihnen die Gnade der Freigiebigkeit. Das wird begründet mit dem Handeln Jesu, der auf seinen göttlichen Reichtum verzichtet und um »euretwillen« arm wird. Wenn also die Gnadentat Jesu die Korinther reich macht, so können diese auf einen Teil ihres Reichtums verzichten und aus Liebe geben. Die »Kollektensammlung« wird mit dem Gnadenwerk Jesu begründet und erbeten. Theologisch steht der Predigtvers in engem Zusammenhang mit dem Christushymnus in Phil 2, so erläutern es die Kommentatoren. Ich melde allerdings Widerspruch an: Paulus vertritt hier keine Deszendenztheologie – es geht ihm um eine Ethik des Ausgleichs. Wie wird man menschlich reich? Wie wurde Christus reich? Es geht also um ein Austauschverfahren, gerade das Geben führt zum Reichtum. Nicht der arme Christus allein, sondern auch der reiche Christus ist das Thema.

Paulus bescheinigt der korinthischen Gemeinde eine Überfülle an Charismen – Glaube, Wort, Erkenntnis, Eifer, Liebe. Und wem viel gegeben wird – dem wird auch viel zurückgefordert (Lk 12,48). Der Schwerpunkt liegt für Paulus dabei auf dem »gegeben« – uns allen ist viel gegeben an Worten und Liebe. Wir sind reich Beschenkte, und wir dürfen das guten Gewissens sein. Aber mit unserem Reichtum arm zu werden, uns zu verschenken und zu verlieren – das wird unseren Reichtum nicht schmälern, sondern vermehren.

Predigtidee

Wie wird man menschlich reich?

Predigtthema

Weihnachten ist das Fest der Liebe Gottes

Vorschlag zur Liturgie

Wochenspruch

Das Wort ward Fleisch und wohnte unter uns,
und wir sahen seine Herrlichkeit. (Joh 1,14)

Lieder

EG 35 Nun singet und seid froh; EG 37 Ich steh an deiner Krippen hier; EG 40 Dies ist die Nacht, da mir erschienen; EG 51 Also liebt Gott die arge Welt

Fürbittengebet

Guter Gott, so viel schenkst du uns:
Deinen Sohn, Jesus Christus, der uns deine Liebe zeigt,
Worte der Hoffnung und der Verlässlichkeit.
Wir danken dir.

Wir denken jetzt an alle die Menschen,
die mit uns verbunden sind, die wir lieben:
unsere Eltern und unsere Kinder,
unsere Freundinnen und Freunde,
leite du sie, Gott, auf ihrem Weg,
schenke Perspektiven und fröhliche Augenblicke.

Wir bitten dich für alle die Menschen,
die an den Weihnachtsfeiertagen allein sind
oder sich alleine fühlen.
Gib du ihnen, Gott, Menschen zur Seite,
die ihnen nahe sind.

Wir bitten dich für die Reichen in unserer Gesellschaft,
rühre du, Gott, ihr Herz an,
dass sie von ihrem Reichtum abgeben
und so für Bedürftige einen Weg eröffnen.

Wir bitten dich für unsere Gemeinde
und deine Kirche in aller Welt.
Schenke uns eine Gemeinschaft der Schwestern und Brüder,
dass wir uns umeinander sorgen, beistehen und trösten.

Wir bitten dich für uns,
dass die Weihnachtsfeiertage nicht nur freie Zeit sind,
sondern dass wir sie füllen –
mit Gesprächen untereinander,
mit Liebe und Sorgfalt.

Wir bitten dich,
dass dein Wort alle Menschen erreicht,
die auf ein Wort des Trostes und der Ermutigung hoffen,
dass Weihnachtswünsche in Erfüllung geben
und neue Anfänge möglich werden.
Miteinander beten wir mit den Worten des Jesus von Nazareth:
Vater unser ...

Vorschlag zur Predigt

Möglicher Anfang

Ein reicher Armer

Prinz Akeem ist der Sohn des Königs von Zamunda, einem imaginären Staat in Afrika. Er lebt in Luxus und wird von zahlreichen Bediensteten rundum versorgt. Nach alter Tradition will ihn sein Vater an seinem 21. Geburtstag mit einer standesgemäßen Frau verheiraten.

Um dieser Zwangsheirat zu entfliehen, reist Akeem mit seinem königlichen Diener und besten Freund Sammy nach Amerika, um dort eine Braut zu finden, die ihm gefällt. Logischerweise sucht er im New Yorker Stadtteil Queens nach ihr: »Queen« ist das englische Wort für »Königin«.

In New York geben sich Akeem und Sammy als mittellose Studenten aus und beziehen ein heruntergekommenes Apartment. Akeem begegnet einem Mädchen, das er heiraten will: Lisa ist die Tochter des Besitzers von *McDowell's* Fast-Food-Restaurant. Um Lisa kennen zu lernen, lässt Akeem sich und seinen Diener im Restaurant als Hilfskräfte einstellen.

Der König sieht sich von seinem Sohn getäuscht und reist wutentbrannt mit seinem Hofstaat nach New York. Dadurch wird Akeems wahre Identität gegenüber Lisa und ihrem Vater enttarnt. Es kommt zum Streit zwischen Lisa und Akeem. Resigniert willigt der Prinz schließlich ein, die Frau zu heiraten, die seine Eltern für ihn ausgewählt haben. Vor dem Altar begegnet er seiner verschleierten Braut – die sich überraschenderweise als Lisa entpuppt.

In dieser amerikanischen Komödie, in der Eddie Murphy die Hauptrolle spielt, wird erzählt, wie ein reicher, junger Mann auf seine Standesprivilegien verzichtet. Der Prinz will, dass er von einer Frau als Mensch, als Person und Persönlichkeit geliebt wird; deswegen verzichtet er auf seinen Reichtum, wird arm und findet die Liebe.

Zum weiteren Verlauf

Aus Liebe

Reichtum ist in unserem Denken mit Geld, Besitz und Macht verbunden und die Reichen werden meistens mit Verachtung und Herablassung gestraft – eben wegen ihres Reichtums: die Reichen und die Schönen, die – meistens ohne eigenes Zutun – reich geworden sind, sich auf den Lorbeeren ihrer Vorväter ausruhen und andere für sich arbeiten lassen. Prinz Akeem ist ein solcher Königssohn, beneidet und umschwärmt, verachtet und bedauert. Aber weil er liebt, kann er verzichten – verzichten auf all diejenigen Dinge, auf den ganzen Wohlstand, die bisher sein Leben verschönert haben.

Um Verzicht und um das Weiterschenken geht es auch im heutigen Predigttext. Die korinthische Gemeinde hatte genug Geld und Paulus erbittet für die Gemeinde in Jerusalem eine Spende. Für uns heute ist es ungewöhnlich, wie Paulus seine Bitte begründet: er erinnert die Korinther an den Reichtum Jesu. Wie ist das zu verstehen? Auch Jesus war und wurde reich, bereichert durch die Gemeinschaft der Schwestern und Brüder, durch seine intensive Gemeinschaft mit Gott. Jesus gewinnt, er wird reich, weil er sich an die Menschen verliert.

Er, Jesus, wurde arm um euretwillen, schreibt Paulus. Und durch seine Armut seid ihr reich geworden. Und so wie Jesus auf seinen Reichtum verzichtet hat, so verzichtet auch ihr auf einen Teil eures Reichtums und unterstützt die bedürftigen Schwestern und Brüder in Jerusalem. Paulus erhebt nicht den moralischen Zeigefinger, er ist auf ein Austauschverfahren aus: nur durch das Geben werdet ihr reich, nur im geschwisterlichen Tausch und Austausch werdet ihr etwas für euch gewinnen können. Das ist eine bereichernde Idee, eine andere Sicht des Reichtums: wir sind reich – aber erst im Miteinanderteilen, in der geschwisterlichen Balance wird der Reichtum erst sinnvoll.

Jesus Christus wurde arm um euretwillen. Paulus meint dabei keinen materiellen Reichtum, wenn er vom Reichtum Jesu spricht. Es geht nicht um Geld oder Gold, um die Luxusjacht oder die Villa am Mittelmeer. Es

geht vielmehr Paulus um den Reichtum an Glaube, an Liebe, an Hoffnung. Es geht ihm um Gott, den Schöpfer der Welt, den Begleiter der Menschen, den Richter und Retter am Ende der Welt. Um Gott geht es, der sich auf geheimnisvolle Weise – nämlich in dem Menschen Jesus Christus – der Welt zeigt, sich in Erinnerung bringt, sich in den Worten und dem Leben eines Menschen zu erkennen gibt.
Weihnachten ist das Fest der Liebe Gottes. Gott begibt sich mit der Geburt des Jesus von Nazareth in einen Stall. Kein klinisch sauberer Kreissaal, keine Hebamme. Das Dörfchen heißt Bethlehem, auf Deutsch Brothausen – dieser Name hat nicht denselben Klang wie Rom oder Athen oder Jerusalem. Ein kleines unbedeutendes Dorf in einem unbedeutenden Teil der damaligen Welt – dort wird in Armut, umgeben von Schafen und einfachen Leuten, Gott neu geboren. Gott kommt auf diese Welt – er ist nicht der menschenferne Herrscher, der von seinem Thron herab die Welt regiert. Gott ist ein liebender Gott, er sorgt sich um unsere Welt, er sorgt sich um uns Menschen. Aus Liebe wird er arm. Um unseretwillen. Das ist die Weihnachtsbotschaft, die im Lukasevangelium erzählt wird, die Geburt des Jesus von Nazareth.

Das Wesen der Liebe ist gerade, dass sie nicht nach Gegenliebe fragt. Gott liebt uns, indem er uns sucht, indem er uns aufsucht durch Jesus Christus. Der Knabe im lockigen Haar bringt Gottes Liebe in die Welt, zu den Menschen. Die biblischen Geschichten sind voller Beispiele: Kranke heilt er, Traurige tröstet er, Verzweifelten wird er zum Freund, Alleingelassenen zum Gesprächspartner. Wie der Vater seinen verlorenen Sohn im berühmten Gleichnis umarmt und liebkost, so liebkost uns Gott mit seiner Liebe. Und wir wissen es schon längst: Liebe wird erst dann sichtbar, wenn sie sich in Gesten, Gedanken, Zeichen oder Worten ausdrückt. Die Liebe Gottes wird, lässt sich übertragen behaupten, erst sichtbar im Leben, in den Worten und in den Taten des Jesus von Nazareth.
Zum Wesen der Liebe gehört aber auch, dass sie erwidert wird. Die Liebe Gottes, die uns sucht, erhofft eine Antwort. Manche Menschen werden sprachlos, wenn ihnen in ihrem Leben eine »große Liebe« begegnet – aber dann finden die Worte doch einen Raum, kleine, zarte Gesten werden sichtbar, ein Kuss oder ein Geschenk. Gott schenkt uns aus dem Reichtum seiner Liebe, danken wir ihm dafür mit unseren Liedern, mit unseren Gebeten. Danken wir ihm dafür, indem wir die Liebe, die wir

erfahren, weitergeben, spüren lassen – gerade an diesen drei besonderen Tagen im Jahr. Wie gesagt: es geht dabei nicht um Opfer, die wir bringen müssen. Es geht darum, dass unser Leben reich wird, dass wir das Leben in Fülle gewinnen. Und das kann nur so geschehen, dass wir uns verschenken und dabei Gewinner werden.
Es könnte eine Beschreibung des Projektes »Brot für die Welt« folgen.

Möglicher Schluss

»Alles hat seinen Preis« – das ist das Sprichwort einer kapitalistischen Gesellschaft. Inzwischen bezieht sich dieser Sachverhalt längst nicht mehr auf den Warenmarkt. Alles hat seinen Preis – sogar in unseren zwischenmenschlichen Bereichen. Viele geben nur dann, wenn sie auch etwas erhalten. Viele lassen sich nur auf eine Beziehung ein, wenn dabei etwas »herausspringt«. Viele suchen den eigenen Vorteil und sind nicht bereit sich selbst und ihre Fähigkeiten zu verschenken. Aber dieses Sprichwort steht im Gegensatz zum christlichen Glauben, denn der Mensch ist keine Kosten-Nutzen-Maschine. Der christliche Glaube bemisst uns nicht nach unseren Leistungen, vergibt keine Rabattmarken und schreibt keine Rechnungen. Es wird keine Mehrwertsteuer berechnet und es gibt kein »Glaubens-Konto«. Es geht um Liebe, die wir erfahren und weitergeben können. Das ist die eigentliche Weihnachtsbotschaft, dieses Jahr und alle Jahre: Gottes Liebe kommt in Jesus von Nazareth zu uns Menschen, sie kommt zu uns heute Morgen in unseren Weihnachtsgottesdienst. Sie macht uns zu reichen Menschen. Und sie lässt uns hören: Lass dich nicht entmutigen, gehe deinen Weg getröstet. Du bist nicht allein. Gott ist an deiner Seite – er ist mit seiner Liebe an deiner Seite.

Kontext

Vom Wesen der Liebe

Bin schon oft gewesen
im Land der Zauberwesen
war oft in den Bergen
bei den sieben Zwergen
auch war ich im Weltenall
bei der Sonne Frühlingsball

unterm Meere war ich schon
dort liebte ich Neptuns Sohn
und überall war Vernunft ein Sündenfall

Und in tausend langen Jahren
habe ich es dann erfahren
Liebe kann nicht denken
hat nur zu verschenken

Hier ist nun der Reise Schluss
wo ich mich entscheiden muss
will nicht länger irren
in der Welten Wirren
stelle nun mein Denken ein
denn überall ist Vernunft ein Sündenfall

Und in tausend langen Jahren
habe ich es dann erfahren
Liebe kann nicht denken
hat nur zu verschenken.

(Musikgruppe Rosenstolz, Album »Zucker«, 1999)

1. Sonntag nach Weihnachten
Das Buch Jesaja 49,13-16

Frank Schuster

Exegetisch-homiletische Skizze

Der 30. Dezember 2007 wird, wie so oft, ein Sonntag im Schatten von Weihnachten und Silvester sein. Hier noch die abklingende Freude des Weihnachtsfestes mit mindestens einem Gottesdienstbesuch, dort schon die aufkommende Silvesterstimmung mit all der hoffnungsvollen Erwartung aber auch Unsicherheit oder gar Furcht angesichts des neuen Jahres. Vornehmlich Menschen aus der Kerngemeinde werden voraussichtlich den Gottesdienst an solch einem Sonntagmorgen besuchen.
Der anonyme Textautor Deuterojesaja, dem sie dort begegnen werden, ist der Prophet »durch dessen Mund Jahwe in Worten von bisher noch nie gehörter Großartigkeit und zugleich von betörender Lockung gesprochen hat« (G. v. Rad: Theologie des Alten Testaments, Bd. II, Chr. Kaiser-Verlag München, 8. Aufl. 1984, S. 248). Er »findet Formulierungen, in denen er in einer fast erschreckenden Weise das Herz seines Gottes preisgibt« (a. a. O., S. 260). Die Bilder der Mutter, die ihr Kind nicht vergessen kann, und der Mauern der zerstörten Stadt Jerusalem, die er an das exilierte Volk Israel weitergibt, sind Belege dafür.
Doch gilt ebenso, dass bei diesem Propheten die »Kontrastbildung ... auch sonst als durchgehendes Kompositionsprinzip erkennbar« ist (R. Rendtorff: Das Alte Testament. Eine Einführung, Neukirchen-Vluyn 1983, S. 206). In unserem Fall wären das Jubel (V. 13) und Klage (V. 14), was m. E. schön zu der eingangs geschilderten gemeindlichen Ausgangssituation im Kalenderjahr passt.
Auch was über die Mauern der Stadt gesagt wird (V. 16), bildet im biblisch-historischen Umfeld (Klgl 2,8; Jer 21, 4–6 – dann aber: Neh 2, 11–17; Ps 122,7) ein anschauliches Beispiel dafür. Gut, dass Gott noch die alten Pläne für sein Volk greifbar hat – das macht den Wiederaufbau leichter.

Wer heute an Mauern im Zusammenhang mit Jerusalem denkt, wird neben der Klagemauer sicher auch die von Israel neu gebaute Trennmauer zwischen Israelis und Palästinensern im Blick haben – mit all ihren unseligen Folgen (vgl. dazu: Mitri Raheb: Bethlehem hinter Mauern, Gütersloh 2005).
Ob solch eine Mauer dazu dient, die »letzte Welttheophanie; vor allen Völkern wird sich seine Herrlichkeit (*kawód*) offenbaren« (G. v. Rad, a. a. O., S. 254) in unseren Tagen voranzubringen, sei auch an dieser Stelle verstärkt in Frage gestellt.

Predigtidee

Wer trägt uns über die Schwelle zum neuen Jahr?

Predigtthema

Gott vergisst uns nicht, erinnert sich an uns und erbarmt sich unser immer aufs Neue.

Vorschlag zur Liturgie

Eingangswort

Neben dem Wochenspruch aus Joh 1,14a bieten sich an:
Denn er hat seinen Engeln befohlen, dass sie dich behüten auf allen deinen Wegen. (Ps 91,11)
Barmherzig und gnädig ist der HERR, geduldig und von großer Güte. (Ps 103,8)

Gebet zum Eingang

Gott von Ewigkeit zu Ewigkeit, wir hören auf, wir fangen an, du umfasst beides. Zwischen Weihnachten und Neujahr blicken wir vor und zurück, schmieden Pläne, ordnen Liegengebliebenes, nehmen Bruchstücke wahr, vergewissern uns, was uns trägt, was morgen auch noch zählt. Gott von Ewigkeit zu Ewigkeit, wir hören auf, wir fangen an, du umfasst beides.

Auf dich verlassen wir uns, im Vertrauen auf Jesus und deine Geistesgegenwart. Amen.

Aus: E. Domay/H. Köhler (Hg.): Gottesdienstbuch in gerechter Sprache. Gütersloher Verlagshaus, Gütersloh, in der Verlagsgruppe Random House GmbH, München 2003, S. 22

Psalmkollekte

zu Psalm 71

Ja, Gott, auf dich traue ich. / Denn du belebst mich, / wo immer ich umkehre zu dir. / Du nimmst mich auf / in deine Gedanken, / in dein Ohr, das mit zuhört. / In deiner Nähe / finde ich Geborgenheit, / deine Kraft, / deine Ruhe, / die mich tröstet / und mir Mut gibt / auf meinem Weg. / Amen.

aus: Kirchenagende I, Kirchenbuch für die Ev. Kirche der Pfalz (Prot. Landeskirche), Speyer 2005, S. 185

oder: Lobgesang des Zacharias, Lk 1, 68–79 (EG); Lobgesang des Simeon, Lk 2, 29–32 (EG)

Lesungen: 1 Joh 1,1–4 oder Klgl 3,18–26

Sündenbekenntnis

Gott, du bist Mensch geworden,
aber wie werden wir Menschen dir zum Bilde –
Wie werden wir Menschen des Friedens,
Schwestern den Heimatlosen, Brüder der Einsamen?
Führe uns, Gott, auf den Weg der Liebe.
Erbarme dich.

aus: Das neue Gottesdienstbuch, hrsg. v. Ulrich Kock-Blunk. Gütersloher Verlagshaus, Gütersloh, in der Verlagsgruppe Random House GmbH, München 2001, S. 22

Gnadenzuspruch

Ja, du, Gott, erbarmst dich des Elends in uns und des Elends um uns her. Zum Aufatmen hast du gebracht dein Volk, hast dich erbarmt der Elenden.

Erhard Domay, in: Neue Gottesdienstgebete. Gütersloher Verlagshaus, Gütersloh, in der Verlagsgruppe Random House GmbH, München 2005, S. 25

Fürbittengebet

Gott, da sind wir: immer wieder unsicher, fragend, enttäuscht.
Wir haben Weihnachten gefeiert. Hast du uns gesehen?
Wie wir glücklich waren – hast du uns gesehen?
Wie wir uns langweilten – hast du uns gesehen?
Wie wir uns um deine Botschaft herumdrückten, wie wir geweint haben, wie wir Gottesdienst feierten – hast du uns gesehen? Oder warst du gar nicht da?
Hast du die goldene Krippe verweigert, die wir dir gebastelt haben?
Und hast dein Lager anderswo aufgeschlagen:
bei den Armen, den Leidenden, den Erschossenen?
Ach, Gott, du weißt, wie sehr wir in Wirklichkeit dazugehören.
Du weißt, dass wir in Wirklichkeit das alles auch sind:
arm, leidend, erschossen.
Darum steht deine Krippe auch bei uns. Lass uns erkennen,
dass wir nicht allein sind.
Lass uns die sehen, die mit uns im Stallmist liegen bei deiner Krippe.
Die Hilfreichen und die Hilfsbedürftigen. Die Reichen und die Bittenden.
Das bringt Kraft. Und das bringt in Bewegung. Beides brauchen wir, du, unser Vater im Himmel ...
Amen.

aus: Das neue Gottesdienstbuch, hrsg. v. Ulrich Kock-Blunk. Gütersloher Verlagshaus, Gütersloh, in der Verlagsgruppe Random House GmbH, München 2001, S. 23

Lieder: EG 13 Tochter Zion, freue dich; EG 34 Halleluja, Halleluja; EG 36 Fröhlich soll mein Herze springen; EG 41 Jauchzet, ihr Himmel; EG 56 Weil Gott in tiefster Nacht erschienen; EG 64 Der du die Zeit in Händen hast; EG 65 Von guten Mächten treu und still umgeben; EG 243 (bes. V. 3) Lobt Gott getrost mit Singen; EG 382 (bes. V. 2)Ich steh vor dir mit leeren Händen; EG 628 (Pfalz/Baden/Elsass) Ich lobe meinen Gott, der aus der Tiefe mich holt ...; EG 642 (Pfalz/Baden/Elsass) Manchmal kennen wir Gottes Willen

Vorschlag zur Predigt

Möglicher Anfang

»Gott und ich in einfachen Symbolen« – so lautete die Aufgabe, die meine Konfirmandinnen und Konfirmanden im Rahmen unserer gemeinsamen Arbeit zeichnerisch zu erledigen hatten. Ein paar Buntstifte, ein großes weißes Blatt Papier, das war alles, was ihnen dafür zur Verfügung stand. Ich war ebenso verdutzt wie erfreut über das, was dabei nach 20 Minuten Stillarbeit herauskam: Anne malte ein großes rotes Herz für Gott und einen kleinen Blutstropfen darinnen als Symbol für sich selbst. »Gott ist die Liebe und ich ein kleiner Teil davon«, lautete ihr Kommentar dazu. Fabio zeichnete eine Kerze für Gott und sich selbst als einen Lichtstrahl, der von ihr ausging. Eva schließlich präsentierte mir eine schöne große Hand, die für sie Gott symbolisierte; sich selbst hatte sie als kleine Figur dort hineingemalt. »Wir sind alle in Gottes Hand, soll das bedeuten«, sagte sie, »und außerdem sind wir bei ihm in die Hand reingeschrieben, damit er uns nicht vergisst.«

Zum weiteren Verlauf

- So wie die Konfirmandinnen und Konfirmanden hat auch ein alttestamentlicher Prophet gedacht und geredet, ein paar seiner Worte haben wir eben gehört.
- Kurze Schilderung der historischen Situation zur Exilszeit sowie der generellen Botschaft von Deuterojesaja.
- Entlang der Begriffe »Jubel und Klage« (s. exegetisch-homiletische Skizze) suche ich nach Anknüpfungspunkten im Gemeindealltag: Bei wem konnte etwas Einzug halten vom weihnachtlichen Frieden, der uns verheißen ist? Bei wem wurde etwas Licht, das zuvor im Dunkeln lag? Wo konnte etwas mitschwingen vom weihnachtlichen Jubel? Was trägt uns davon hinüber ins neue Jahr, das vor uns liegt?
- Oder geht es uns wie dem Volk Israel im Exil, dem allein das Prophetenwort den alltäglichen Erfahrungen von Trost- und Hoffnungslosigkeit entgegenstand? Fühlen wir uns trotz all der Feststimmung nicht auch oft gottverlassen? Das sollte nicht beschönigt, übertüncht oder abgewürgt werden.
- Beispiele: Kranke und Einsame, die »zwischen den Jahren« nirgendwo hingehen können, weil allüberall »Familienstimmung« angesagt ist.

Viele Anlaufstellen für sie sind geschlossen. – Menschen ohne Arbeit und Einkommen, die ihren Familien zum Fest keine Geschenke machen konnten usw.

- Auch sollte nicht die Frage vergessen werden: Wer sind heute die Exilierten, die Entwurzelten, die Armen bei uns? Was haben wir ihnen zu sagen, von welchem Gott zu ihnen zu reden? (s. Steffensky unter »Kontexte«)
- Diese nachweihnachtlichen Einwände sind nötig, um die trügerische Idylle der Heiligen Nacht zu transzendieren; darauf hinzuweisen, dass das Licht, die Wärme, der Frieden, der von diesem Fest ausgegangen ist, sich täglich aufs Neue in unserem Leben durchsetzen müssen gegen Erfahrungen von Kälte, Dunkelheit, Angst und Gewalt.
- Doch besteht angesichts solcher Erfahrungen kein Grund zur Resignation, da wir uns lt. Deuterojesaja in Gottes Hand wissen dürfen, bei ihm eingeschrieben, von ihm nicht vergessen. Er ist für die Entwurzelten und Heimatlosen erreichbar als jemand, der das Verlorene wiederherstellen kann. Das ist seine ganz besondere Form des Erbarmens. Zukunft und Hoffnung hat er am Übergang zum neuen Jahr für uns bereit. Ein enormer Grund zum Jubeln.

Möglicher Schluss

Wir stehen an der Schwelle zu einem neuen Jahr. Bei einer Hochzeit war es oft Brauch, dass der Bräutigam die Braut über die Schwelle des Hauses trug. Auch heute darf bei uns »Hoch-Zeit-Stimmung« sein, wir haben allen Grund zum Jubel. Denn Gott hat uns nicht vergessen, sagt uns der Prophet, auch wenn es hin und wieder den Anschein haben mag, oder wir dazu neigen, ihn zu vergessen. Wir gehen Gott nicht verloren, sind und bleiben mit Gott verbunden, bei Gott geborgen, in seine mütterlichen Hände gezeichnet. Mit diesen Händen trägt er uns über die Schwelle zum neuen Jahr.

Symbole, Aktionen

Eine kreative Alternative, z. B. auch für einen Gottesdienst mit Jugendlichen, bestünde darin, das Bild eines vergrößerten Finger- oder Handabdrucks in Kopie zu verteilen und über die Thematik »In Gottes Hand eingegraben/von Gott nicht vergessen sein« nachzudenken.

Kontexte

Das Volk hat Gott vergessen. Man vergisst Gott zuerst auf der Straße, dort wo die Armen gequält und die Fremden vertrieben werden und unschuldiges Blut vergossen wird. Die Gottesdienste gehen weiter, der Tempel wird gepflegt, die Rituale und die Gebete werden korrekt vollzogen. Aber niemand merkt, dass der Tempel leer geworden ist. Gott ist ausgezogen. Auf den Straßen beten sie ihre Götzen an: das Geld und die Macht. Im Tempel beten sie das reine Nichts an. Gott hat den Tempel verlassen. ... Das Volk hat Gott und sein Recht vergessen und damit seinen eigenen Ruin herbeigeführt. ... Erinnerung ist einer der großen Namen Gottes. Gott, die Mutter, die ihre Kinder nicht vergisst! Gott, die Mutter, die ihre Kinder tröstet. Wäre doch dieser Muttername und das Mutterbild Gottes in unseren Kirchen lebendig geblieben statt der leiernden Wiederholung der Gottesnamen: Vater, König, Herr. ... Er verspricht die Heimat, in der noch keiner war. Denn noch in keinem Land haben die Blinden gesehen und haben alle Gebeugten ihren aufrechten Gang gefunden. Heimat ist nun nicht mehr das Land der Herkunft, sondern der Zukunft, in der das Recht wie Wasser fließt. Jesaja arbeitet an einer Erinnerung, die nach vorn geht. Die Leute sollen ihre Träume nicht hinter sich haben, sondern vor sich. Erinnerung an die Zukunft! ... Sie sind unsichere Kantonisten, weil sie in jedem Land zu große Wünsche haben. Sie leben gefährlich. ... Einen Menschen ehrt oder schändet, welche Träume er hat. ... Man kann an zu kleinen Wünschen sterben, ein Einzelner und ein Volk. Man dörrt aus, wenn man nicht mehr kennt als sich selber; wenn man in nicht mehr verliebt ist als in sich selber; wenn man nicht mehr verteidigt als sich selber. Das ist die eigentliche Gottesvergessenheit. ... Es gibt Sätze, für die unser Herz zu klein ist. Wichtiger als sie zu glauben und sie mit dem Herzen zu füllen, ist, sie zu wissen, sie nicht zu vergessen, sie auf den Lippen zu haben. Die Lippen bilden das Herz, und sie wissen manchmal mehr, als das Herz verantworten kann.
(Das Volk hat vergessen, aus: Dorothee Sölle/Fulbert Steffensky: Löse die Fesseln der Ungerechtigkeit. Predigten. © Kreuz Verlag, Stuttgart 2004, S. 16–21)

Man lernt nur dann und wann etwas, aber man vergisst den ganzen Tag.
(Arthur Schopenhauer)

Erinnerung – das einzige Paradies, aus dem wir nicht vertrieben werden können. (Jean Paul)

Gemeinsame Erinnerungen sind manchmal die besten Friedensstifter. (Marcel Proust)

Großer Dankchoral

1

Lobet die Nacht und die Finsternis, die euch umfangen!
Kommet zuhauf
Schaut in den Himmel hinauf:
Schon ist der Tag euch vergangen.

2

Lobet das Gras und die Tiere, die neben euch leben und sterben!
Sehet, wie ihr
Lebet das Gras und das Tier
Und es muss auch mit euch sterben.

3

Lobet den Baum, der aus Aas aufwächst jauchzend zum Himmel!
Lobet das Aas
Lobet den Baum, der es fraß
Aber auch lobet den Himmel.

4

Lobet von Herzen das schlechte Gedächtnis des Himmels!
Und dass er nicht
Weiß euren Nam' noch Gesicht
Niemand weiß, dass ihr noch da seid.

5

Lobet die Kälte, die Finsternis und das Verderben!
Schauet hinan:
Es kommet nicht auf euch an
Und ihr könnt unbesorgt sterben.

(Bertolt Brecht: Großer Dankchoral, aus: ders., Werke. Große kommentierte Berliner und Frankfurter Ausgabe, Suhrkamp Verlag Frankfurt am Main)

Tipp zum Text

Johann Sebastian Bach: Weihnachts-Oratorium, BWV 248, 1. Teil, Nr. 1 Chor:

»Jauchzet, frohlocket, auf, preiset die Tage, rühmet, was heute der Höchste getan! Lasset das Zagen, verbannet die Klage; stimmet voll Jauchzen und Fröhlichkeit an!«

Altjahrsabend
Brief an die hebräischen Gemeinden 13,8-9b

Roselies Taube

Exegetisch-homiletische Skizze

Jesus Christus »derselbe«, ein »festes Herz«. Diese Formulierungen bleiben wohl von den Versen des Hebräerbriefes als erste haften. Sie klingen statisch, für mich schon ein wenig bombastisch. Befürchtungen stellen sich ein: Verführt der Text nicht dazu, einem Sicherheitsbedürfnis nachzugeben? Hatte dies nicht oft genug ein langweiliges Glaubensverständnis zur Folge? Und tatsächlich: Beim Blättern in Auslegungen und Predigthilfen fällt auf, wie oft die Identität des Glaubens beschworen wird. Eine dynamischere Auffassung handelt sich prompt die Warnung vor Beliebigkeit ein. Der Altjahrsabend verschärft die Sehnsucht nach Stabilität: Er markiert einen Übergang, eine Umbruchssituation. Hier sind fester Halt, Orientierung, Vergewisserung gesuchte Aspekte. Drei Beobachtungen können vielleicht hilfreich sein, um dieser Tendenz nicht einfach nachzugeben, zu sagen, was eben so am Jahresschluss gesagt wird oder krampfhaft originell sein zu wollen:

1. »Ruhe« und »Festigkeit« bilden wichtige Inhalte des Hebräerbriefes. In ein Spannungsverhältnis dazu treten jedoch Weg- und Wanderschaftsmotive, also Bewegung und Veränderung.
2. Dieses Spannungsverhältnis weist auf die Selbstvorstellung Jahwes in Ex 3,14: »Ich werde mich als der erweisen, der ich bin.« Das Göttliche eröffnet sich als eine in die Dynamik des Lebensvollzuges eingebundene Kraft und in dieser Veränderung in seiner Grundbestimmung als mit sich selbst identisch.
3. Sich dem Leben in all seiner Vielfältigkeit stellen und im Grundmotiv, dem Wunsch nach dem Heil aller, sich gleich bleiben, dies verkörperte für Menschen Jesus Christus. Je nach ihrer konkreten Situation riefen sie die eine oder die andere Wahrnehmung stärker ins Bewusstsein. Die im

Brief angesprochenen Gemeinden ließen sich irritieren, zeigten Zeichen von Müdigkeit. Sie erhielten demnach Orientierung an der Festigkeit und Identität. Vermutlich erfuhr deshalb der hymnische Ruf »Jesus Christus heute, morgen, in Ewigkeit« den Zusatz »derselbe«.
Die Lebenssituation der Gottesdienstbesucherinnen und -besucher am Ende eines Jahres ist individuell eine unterschiedliche. Sie selbst können letztlich nur für sich entscheiden, ob sie sich von der Wandlung oder der Beständigkeit im Wirken Jesu primär anrühren und aufrütteln lassen sollten. Ich möchte deshalb das Leben mit einem Farbenspiel vergleichen, in das der Glaube sich einwebt. Das vergangene Jahr hat für alle eine je eigene Prägung: durch abwechslungsreiche Farben, monotone, triste, beruhigend satte ... Durch alle diese Varianten zieht sich etwas Identisches.
Gleichzeitig eröffnet das »Farbenspiel« die Möglichkeit, sich für sich persönlich zu besinnen und das miteinander Verbindende als Ermutigung wahrzunehmen.

Predigtidee

Glaube geht ganz in die unterschiedliche Farbigkeit des Lebens ein – wie es an Jesus ablesbar ist. Nur ein derart manchmal geradezu unbesorgt wirkender Glaube wird durch alle Verschiedenheit hindurch einen identischen Farbstreifen entdecken.

Predigtthema

Farbenspiele.

Vorschläge zur Liturgie

Begrüßung

Ein Jahr nähert sich seinem Ende. Wir schauen zurück. Manchen Augenblick erinnern wir gerne noch einmal. Andere Erlebnisse schmerzen, machen wütend, sind noch nicht verarbeitet.
Ein neues Jahr liegt vor uns. Wir schauen nach vorne. Vielleicht voller

Spannung und Hoffnung, vielleicht mit Ängsten erfüllt oder einfach nur resigniert. Auf dieser Schwelle zwischen gestern und morgen halten wir inne. Wir legen das vergangene Jahr in Gottes Hände. Wir suchen für das kommende Gottes Begleitung.

Lied: EG 64 Der du die Zeit in Händen hast

Psalm: Ps 103,1–8 (s. auch Gestaltungsidee)

Gebet

Vor dir, Gott,
bedenken wir noch einmal das vergehende Jahr.
Wir danken für alles, was gut war,
was uns aufatmen ließ,
was uns trug.
Wir versuchen mit dir auszuhalten,
was schmerzlich war und vertan,
was uns noch quält und umtreibt.
Wir legen das Jahr zurück in deine Hände.
Bewahre du es und segne es.
Amen.

Kyrie

Weil uns Erinnerungen schmerzen,
weil sie uns belasten und irritieren,
bitten wir:
Gott, erbarme dich.

Weil wir Schritte ins Ungewisse unternehmen,
weil wir nicht sicher sind, ob wir den richtigen
Weg finden werden,
bitten wir:
Christus, begleite uns.

Weil wir uns oft fragen, ob diese Welt noch zu bewahren ist,
weil wir Ängste und Zweifel spüren,
bitten wir:
Gott, verlass uns nicht.

Gloria

Und Wiesen gibt es noch
und Bäume und
Sonnenuntergänge
und Meer
und Sterne
und das Wort
das Lied
und Menschen
und

… deshalb danken wir für die Beständigkeit und Zuwendung Gottes und stimmen in das Lob ein.

Rose Ausländer, aus: dies., Wieder ein Tag aus Glut und Wind. Gedichte 1980–1982. © S. Fischer Verlag GmbH, Frankfurt am Main 1986

Lesung: Jesus Sirach 18,1–12

Lied: EG 502,1 Nun preiset alle Gottes Barmherzigkeit

Predigtlied (Kanon)

Gebet

Nada te turbe,
nada te espante :
quien a Dios tiene
nada le falta.
Nada te turbe, nada te espante :
sólo Dios basta.

Teresa de Jesús vor 1582

Nichts soll dich ängsten
nichts soll dich quälen,
wer sich an Gott hält,
dem wird nichts fehlen,
nichts soll dich ängsten,
nichts soll dich quälen,
Gott allein genügt.

EG für Württemberg 574 – dt. Übersetzung von Susanne Kramer-Friedrich, Oekumenisches Frauenliederbuch, pan 908, Zürich, 1990

Text nach Teresa de Jesús vor 1582, Melodie und Satz: Jaques Berthier, Taizé, 1984

Vorschlag zur Predigt

Möglicher Anfang

Eltern drehen manchmal durch, wenn ihre Sprösslinge quengeln: »Oooch, schon wieder ...!« oder »Immer dasselbe!« Sie wollen action, Abwechslung, Neues. Oft finden sie es am tollsten, wenn das Leben einem schnell wechselnden Farbenspiel gleicht. Bei aller Genervtheit – auch Erwachsene müssen zugeben, dass sie ab und an das Gefühl überfällt: bloß raus aus dem Einerlei, andere Tapeten sehen, neue Farben in das Lebensmuster weben. Doch mit zunehmendem Alter erfahren wir auch: Neue Farben, die unser Lebensmuster verändern, fallen beileibe nicht immer faszinierend bunt aus, sondern zuweilen unerträglich grell. Sie irritieren, sie provozieren Hektik und lassen nicht zur Ruhe kommen. Oder sie verdunkeln sich nach einem entscheidenden Einschnitt derart, dass uns jegliche Kraft fehlt, sie auf irgendeine Weise aufzuhellen. Resigniert fragen wir uns: Wozu noch saubermachen? Wozu noch Zeitung lesen? Wozu sich überhaupt noch zu etwas aufraffen?
Wer einmal hinnehmen musste, dass sich Lebensfarben schnell und unbarmherzig wandeln können, weiß eine sich gleich bleibende Verlässlichkeit zu schätzen. Gar nicht wenige von uns Menschen geben sich sogar der Illusion hin: Wer uns nahesteht, existiert ewig. Unsere Gesundheit wird sich nie ändern: Faszination der immer gleichen Lebensfarben.
Sicherlich wird jemand einwenden: »Ja, immer gleiche Lebensfarben können wohl beruhigend wirken. Aber was ist, wenn das ganze Leben in ein Einerlei mündet, monoton und trist wird? Und nirgends, wirklich nirgends ist Änderung in Sicht? Ein Tageslauf konturenlos wie der andere? Grau, sinnlos.«
Bunte, abwechslungsreiche Farben, sich je und erschreckend ändernde, beruhigend gleichbleibende, öde schwermütig stimmende Grautöne – unser Leben zeigt sich auf diese unterschiedlichen Weisen. Das nun zu Ende gehende Jahr hat für uns persönlich seine eigene Farbgebung gezeitigt. Ich lade sie ein, einen Moment noch einmal über sie nachzusinnen.
Moment der Stille

Zum weiteren Verlauf

Glaube trägt seine Farben in unsere Lebensgeschichten ein, manche vertieft er, andere verneint er, er verändert, bestätigt, deutet, hinterfragt.

Er lockt uns zu neuen Gedanken und Engagements. Reicher, bunter gestaltet sich unser Leben. Die lange Geschichte der Tradition und die Anforderungen der Gegenwart provozieren, ermuntern, regen an.
Glaube kann uns in manchen Phasen stark fordern, z.B., wenn unsere ureigensten Kräfte und Fähigkeiten einzubringen sind, wenn Krisen und Probleme sich jagen. Glaube vertieft unsere Lebensfarben. Nachsinnen, Meditation oder gemeinsames Feiern erschließen andere Dimensionen.
Glaube stellt uns in Frage: Ist diese Farbe richtig gewählt? Laufen wir mit ihr nicht einfach nur einem Trend nach?
Glaube führt in Zweifel, in Momente des Nicht-Begreifen-Könnens Gottes, in Fassungs- und Mutlosigkeit (»Die dunkle Nacht der Seele«).
Glaube geht in unsere Lebensfarben ein. Immer wieder brauchen wir Zeiten des Innehaltens, des Überdenkens. Wie jetzt zum Jahreswechsel.
Auch der Hebräerbrief fordert Gemeinden dazu auf. Schilderung der Situation, in die er hineinspricht. Er fordert auf, auf Jesus zu blicken, an dem für ihn das Wesen Gottes konkret wird.
Auch Menschen, die heute ihren Glauben ermüdet, resigniert dahinschleppen, können mit Jesus die bleibende Verbindung mit Gott durch alles hindurch wieder gewinnen. Menschen, die ihren Glauben gern jedem Zeittrend ausliefern, werden durch ihn zur Suche nach Gottes Beständigkeit provoziert.
Menschen, die dazu neigen, auf das Gleichbleibende fixiert zu sein, können auf die lebendigen Farben schauen und im Gegensatz zu den Angesprochenen des Hebräerbriefes die wandelnde Kraft Gottes neu entdecken.

Möglicher Schluss

An der Schwelle vom vergehenden Jahr zum kommenden halten wir inne. Wir lassen uns anrühren von den reichen, vielfältigen Farben im Leben Jesu, durch das sich doch kontinuierlich wie ein fester, unzerreißbarer Faden die Verbundenheit mit Gott zieht. Mit Gottes Wunsch nach dem Heilsein aller. Wir wissen für uns selbst wohl am besten, welche dieser »Farberinnerungen« wir in der heutigen Übergangssituation mitnehmen und in unser Leben einweben wollen. Wir werden, so hoffen wir es füreinander, im Verlaufe des Jahres immer wieder wie ein Geschenk entdecken: durch alle Farbenvielfalt, durch jede Farbvariante zieht sich ein unveränderbarer Faden, der uns mit dem Gott des Lebens verbindet.

Gestaltungsidee

Statt der Lesung von Ps 103,1–8 konzentriert sich dieser Vorschlag auf Ps 103,8. Dies ist auch das Wort für den Altjahresabend. Es wird in vier Abschnitten bedacht und jeweils mit einer Zeichenhandlung verbunden, um so das zu Ende gehende Jahr zu verabschieden:
»Barmherzig ist Gott«
Gott ist nicht gleichgültig gegenüber seiner Schöpfung.
Gott nimmt Anteil an ihrem Schmerz.
Die Gottesdienstbesucherinnen und -besucher erinnern still für sich, wo sie diese Barmherzigkeit Gottes erfahren haben. Wer möchte, entzündet eine Kerze und stellt sie auf einen Tisch mit einem dunklen Tuch.

»Barmherzig und gnädig ist Gott«
Gott ist voller Gnade. Gott schenkt uns Lebensmöglichkeiten ohne einen Katalog von Vorleistungen einzufordern.
Körbe mit Brocken eines kräftigen Brots werden weitergegeben. Es vergegenwärtigt die geschenkten Lebensgrundlagen.

»Barmherzig und gnädig und geduldig ist Gott«
Gott ist geduldig. Gott lässt uns Zeit, auch wenn wir sie bisher nicht genutzt oder vertan haben.
Ein Stundenglas wird zu dem Wort betrachtet: »Gott ist geduldig und von großer Kraft.« (Nah 1,3)

»Barmherzig und gnädig ist Gott, geduldig und von großer Güte.«
Gott ist gütig. Gott zeigt sich zuverlässig und menschenfreundlich.
Ein kleines Kohlenfeuer wird entfacht und in die Mitte der Kerzen gestellt. Nach einer Zeit der Stille münden die Gedanken über Zuwendung und Güte Gottes in den Kanon: »Danket, danket dem Herrn«(EG 336)

Symbole, Aktionen

Falls Mitwirkende bei der Vorbereitung helfen können: Eine Leinwand oder einen großen Bogen Papier mit den unterschiedlichsten Farben bemalen. Durch das Vielerlei zieht sich ein silbriger Faden.

Tipps zum Text

Siegfried Lenz, Die Deutschstunde, Hamburg 1968ff., Hoffmann und Campe
Eindringlich erzählt der Roman, wie ein Polizist in der Pflichterfüllung »fest« und »derselbe« bleiben will und in dieser Festigkeit ohne Sinnhinterfragung und Flexibilität für seine Mitmenschen gefährlich und zerstörerisch wird.

Kontexte

In dieser Welt gibt es keine Beständigkeit und deshalb braucht man sich nicht daran zu klammern.
(Katharina de Ricci, in: D.G.M. Di Agresti, Katharina de Ricci – ihr geistliches Leben, Regensburg o.J., Kloster Heilig Kreuz, S.33)

Durch das Gewebe Deiner Tage zieht sich ein Faden, der sie mit dem Überirdischen verbindet. Nicht durch jedes Dasein schlingt sich ein solcher Faden, und jedes Dasein zerfällt ohne diesen.
(Bettina von Arnim, Tagebücher, zit. nach B. von Arnim, Die Sehnsucht hat allemal Recht. Gedichte – Prosa – Briefe, hg.von Gerhard Wolf, Frankfurt a.M. 1985, Fischer, S.56)

Jede Unterbrechung der Religion ist Irreligion. (...) So hat das Christentum zuerst und wesentlich die Forderung gemacht, dass die Religion ein Kontinuum sein soll im Menschen.
(Friedrich Schleiermacher, Über die Religion. Reden an die Gebildeten unter ihren Verächtern, Stuttgart 1969, Reclam, S.198)

Es muss sich alles ändern, damit es bleibt, wie es ist. (Redewendung aus dem österreichischen Mühlviertel)

Nur das Bleibende kann sich ändern.
(Sophie Mereau)

Neujahr
Der Brief an die Gemeinde in Philippi 4,10-13(14-20)

Claus Marcus

Exegetisch-homiletische Skizze

Der Neujahrstag als besonderer Tag auf der Schwelle zweier Jahre fordert eine besondere Sensibilität für die Menschen, die zum Gottesdienst kommen. Einerseits werden es die »treuen Gemeindeglieder« sein, andrerseits bringen auch sie ihre Fragen an das neue Jahr mit. Wohin wird uns der Weg führen? Werden wir vor Schwerem, Dunklem verschont werden? Fragen, die in die Tiefe der persönlichen Existenz gehen. Da wird es gut sein, den Gottesdienst und die Predigt mit seelsorgerischem Verständnis zu gestalten.

Um das Besondere von Phil 4,10–13(14–20) für den Neujahrstag herausarbeiten zu können – ich übernehme den gesamten Umfang der Perikope –, scheint es mir gut zu sein, im Einstimmen auf die Predigt für Neujahr die anderen fünf Texte mitzubedenken. Jak 4,13–17 fragt radikal, was ein Leben ohne Gott bedeuten kann. Nichts! Lk 4,16–21 konfrontiert uns mit der Antrittspredigt Jesu in Nazareth, in der deutlich unsere Lebenszeit als Teilhabe am »Gnadenjahr des Herrn« verstanden werden kann. Joh 14,1–6 nimmt zweifelndes Fragen am Jahresanfang nach dem richtigen Weg auf und fängt die Unruhe auf im Hören auf Jesu Wort, das neue Identität stiftet. Jos 1,1–9 benennt in seinem erzählenden Charakter des Übergangs über den Jordan eine dem Übergang ins Neue Jahr vergleichbare Situation. Der Text mündet in das konfessorische Wort, getrost und unverzagt zu sein, weil Gott mit unterwegs ist. Schließlich geht Sprüche 16,1–9 in weisheitlicher Rede dem Planen des menschlichen Herzens nach, insofern auch ein rechter Neujahrstext. Allem menschlichen Planen gegenüber steht die gubernatio Dei!

Kein anderer Brief des Apostels ist »von der herzlichen Wärme persönlicher Verbundenheit getragen« (Lohmeyer). Auf seinen Missionsreisen ist Paulus vormals dreimal in Philippi gewesen. Als Gefangener im Gefängnis zu Cäsarea schreibt er diesen Brief als einer, der »in der Gnade und Not des Martyriums« (Lohmeyer) gestanden hat. Paulus muss am eigenen Leib die Ablehnung des Erlösers, des Gekreuzigten, von der Welt erleiden. Er ist modellhaftes Beispiel für die Lebenshaltung der Christen, die aus der Verbindung mit dem Gekreuzigten »die Spannungen und Konflikte mit ihrer Umwelt riskieren und ertragen« (Theissen) müssen. Dennoch, der Ruf zur Freude durchzieht den gesamten Brief, auch unser Text ist von dieser Grundüberzeugung getragen. Die innige Verbindung zur Gemeinde in Philippi zeigt sich in ihrer wieder »aufgeblühten« Fürsorge für den Apostel (V. 10). Dabei legt der Apostel auf seine Eigenständigkeit (Autarkie) wert. Er versteht sich als Unabhängiger von allen, außer von Christus. In ihm erlebt er seine niemals versiegende Kraftquelle. Nüchtern – mit Dank und Freude blickt der Apostel in die ihm unbekannte Zukunft. Die Betonung seiner Selbstständigkeit gegenüber der Gemeinde und seinen persönlichen Bedürfnissen unterstreicht seine Genügsamkeit, die in Christus gründet (V. 12–13). Es mutet wie die Geburt der Freiheit an. Auf diesem Hintergrund entbehrt die Gemeinschaft im Geben und Nehmen jeglichen Gezwungenseins. Da geschieht ein freies Sich – Kümmern und Sich – Sorgen um den Menschen in Not und Bedrängnis – eine gute Gegenseitigkeit. Mir scheint, dass so Christus gegenwärtig und lebendig wird – damals wie heute (V. 16–18)!
Überhaupt scheint mir ein wichtiges Thema in diesem Text die zwischenmenschlichen Beziehungen zu sein. Diese geschehen in der Paradoxie von Autarkie und Abhängigkeit und öffnen den Weg zur Doxa Gottes. Dabei durchdringen sich Ökonomie und Spiritualität gegenseitig. Uns sollte dieser Text ermutigen im Blick auf unser Handeln als Gemeinde in dem gerade begonnenen Jahr: Solidarisch, verantwortlich, fürsorglich, Christus gemäß! Dabei scheue ich nicht davor zurück, an mögliche gesellschaftspolitische Probleme zu erinnern: Gereicht unser Handeln zur Ehre Gottes (V. 20) im Blick: auf die weiterhin bedrängende Frage der Arbeitslosen, auf das gewagte Reden von einem Energiemix für die Zukunft, auf die nicht leicht zu überprüfenden Genexperimente in der Welt der Pflanzen und der Menschen, auf die schweren Herausforderungen der Globalisierung, auf das Anwachsen des weltweiten Terrorismus,

auf die notwendige geistige Auseinandersetzung mit den verschiedenen Religionen.

Predigtidee

Ein als Gefangener Befreiter ruft zur Freude und weist uns den Weg in die Solidarität mit den Bedrängten, Fragenden und Suchenden.

Predigtthema

Christliche Gemeinde als Ort gelebter Beziehung und Gegenseitigkeit in Freiheit und Verantwortung.

Vorschlag zur Liturgie

Votum

Worin liegt das Geheimnis eines neuen Jahres? Dieser Neuanfang gibt uns die Möglichkeit, vieles loslassen zu können, den Blick nach vorne zu richten, wirklich Neues zu erwarten. Aber auch nach der Jahreswende sind nicht wenige mit dem vergangenen Gestern beschäftigt, einer unglaublichen Last, unter der wir gebeugt das Neue kaum entdecken können. Doch welche großen Chancen liegen in einem wirklichen Neuanfang, mit kleinen Schritten einen anderen Weg zu betreten, der in sich schon das Ziel hat!

Ich begrüße Sie an diesem Neujahrstag herzlich mit einem Wort aus dem Kolosserbrief, dem Spruch des Tages: »Alles, was ihr tut mit Worten oder mit Werken, das tut alles im Namen des Herrn Jesus und dankt Gott, dem Vater, durch ihn.«

Wir setzen unser Vertrauen auf Gott, der uns wie ein Vater/wie eine Mutter liebt –

wir finden unsere Hoffnung in Christus, der uns wie ein verstehender Bruder begegnet –

wir stärken uns durch die schöpferische Kraft des Heiligen Geistes, der uns Mut und Lebensfreude schenkt.

Eingangsgebet

Ein neues Jahr ist uns anvertraut, 365 Tage. Du, o Gott, kommst uns in deiner unendlichen Güte und Liebe entgegen. Lass uns aufwachen, um diesem Geheimnis begegnen zu können. Du weißt, was wir nötig haben, Befreiung von unserer Schuld, die auf uns liegt, und Zuspruch von Trost, dass wir den aufrechten Gang üben können. Lass uns in diesem neuen Jahr Zeiten der Ruhe und Besinnung finden, dass wir bei uns einkehren, dann dich und den Nächsten wahrnehmen können. Nimm uns an, so wie wir sind!

Psalm: Ps 8 oder auch Phil 2,5–11

Lesungen: Sowohl die Epistel Jak 4,13–15 als auch das Evangelium Lk 4,16–21 nehmen in geeigneter Weise den Skopus vom Neujahrstag auf: die Frage nach möglichen Lebensplänen und ihrer Zerbrechlichkeit sowie die befreiende Kraft der Predigt Jesu als Ansage des Kairos.

Kyrie und Gloria

Großes Vertrauen setzt du, o Gott, in uns oft so schwache Menschen. Unser Glaube ist klein und Angst vor möglichem Versagen bleibt unser stiller Begleiter. Du beschenkst uns mit Freude, die alles Dunkel gut werden lässt. Für das neue Jahr bitten wir um Lebensmut und Phantasie, um Glaubenskraft und Gewissheit, dass wir die Straße unseres Lebens aufrecht und getrost gehen können.
Wir rufen zu dir Kyrie eleison (EG 178,9)
Wo wir mit offenen Herzen dir gegenübertreten, da findet deine Verheißung immer neu ihre Gültigkeit: »Siehe, ich habe dir geboten, dass du getrost und unverzagt seist. Lass dir nicht grauen und entsetze dich nicht; denn der Herr, dein Gott, ist mit dir in allem, was du tun wirst.« (Jos 1,9)

Fürbittengebet

Wir danken dir, Gott des Lebens, dass du uns neue Lebenszeit anvertraust. Mit vielen Hoffnungen und Wünschen haben wir die Schwelle zum neuen Jahr überschritten. Ganz tief in unserem Inneren schlummert auch Angst vor diesem neuen Jahr. Was wird es uns persönlich bringen? Finden wir die Kraft, schwierigen Herausforderungen begegnen zu können. Lass uns im Schein des schwindenden Weihnachtslichtes, im Vertrauen auf das Kind in der Krippe unsere Schritte setzen.

Wir danken dir für unsere Familien und Freunde, wir danken dir für unsere Arbeit und die Aufgaben, die du uns aufträgst. Stärke du unser Zusammengehörigkeitsgefühl und lass uns in vertrauensvollem Handeln unser Tagwerk miteinander tun. Lass uns erkennen, wir sehr wir auf andere Menschen angewiesen sind. Sie sind unser bestes Heilmittel, wenn uns das Herz schwer wird.

Wir bitten für alle Kinder in dieser Stadt, auf dieser Erde. Du weißt, wie sehr gerade Kinder unter ungerechten Zuständen leiden müssen. Lass sie Geborgenheit und Verständnis in ihren Familien finden, dass sie das Nötigste zum Leben haben und auch Zeit zum Spielen finden.

Wir bitten für die alten Menschen in unserer Gesellschaft. Mögen sie niemals das Gefühl haben, überflüssig zu sein. Lehre du uns vielmehr, in ihnen den Schatz der Erfahrung und Weisheit zu entdecken. Lass uns ihnen mit Ehrfurcht und Liebe begegnen.

Wir bitten für Kranke und Sterbende, lass sie verstehende Menschen an ihrer Seite finden. Gib du Ärzten, Schwestern und Pflegern die Kraft der inneren Zuwendung, schenke ihnen Geduld und Verstehen.

Wir bitten um Frieden in dieser Welt – die schwierigen Situationen in Nahost, das Töten im Irak, in Afghanistan und an anderen Orten der Welt bereiten uns Sorgen, manchmal sogar Angst vor einem möglichen Weltkrieg. Wehre du allem möglichen Kriegstreiben in den Gehirnen der Verantwortlichen. Lass sie sich ihrer Verantwortung für die ganze Welt bewusst werden.

Wir bitten schließlich für uns selbst, lass uns Ruhe finden und deinem Kommen mit wachen Herzen entgegenwarten. Du hast uns deinen Trost verheißen. Lass uns in deinem Wort unseren Frieden finden mit der Gewissheit, dass wir unsere Wege gehen mit dir, der du uns immer neu stark machst.

Alles, was wir auf dem Herzen haben, was uns Freude bereitet, was uns nachdenklich macht, lass uns dir sagen, indem wir gemeinsam mit den Worten Jesu zu dir rufen: Vater unser ...

Lieder:
EG 64 Der du die Zeit in Händen hast ; EG 65 Von guten Mächten treu und still umgeben; EG 58 Nun lasst uns gehn und treten; EG 497 Ich weiß, mein Gott, dass all mein Tun; EG 432 Gott gab uns Atem; EG 430 Gib Frieden, Herr, gib Frieden; EG 428 Komm in unsre stolze Welt.
Aus dem EG Regionalteil Bayern/Thüringen: Du schenkst uns Zeit (592), Von Gott kommt diese Kunde (614), Selig seid ihr (644), Damit aus Fremden Freunde werden (657), Freunde, dass der Mandelzweig (659). Aus dem Regionalteil Rheinland/Westfalen/Lippe: Wenn das Brot, das wir teilen (667).

Vorschlag zur Predigt

Möglicher Anfang

Was wird uns dieses neue Jahr Besonderes bringen? Werden wir vor Schwerem verschont bleiben? Wird die Freude alles mögliche Leid wenden können?
Der Dichterpfarrer Eduard Mörike hat das neue Jahr einmal so begrüßt:

Wie heimlicher Weise
Ein Engelein leise
Mit rosigen Füßen
Die Erde betritt.
So nahte der Morgen.
Jauchzt ihm, ihr Frommen,
Ein heilig Willkommen!
Ein heilig Willkommen,
Herz, jauchze du mit!
In ihm sei's begonnen,
Der Monde und Sonne
An blauen Gezelten
Des Himmels bewegt.
Du, Vater, du rate!
Lenke du und wende!
Herr, dir in die Hände
Sei Anfang und Ende,
Sei alles gelegt!

Für mich gehört dieses Gedicht zum persönlichen Ritual am Neujahrsmorgen. Meistens sage ich es mir zunächst selber auf. Diese Worte erscheinen mir wie eine Arche, die mich durch das neue Jahr trägt über Tiefen und Untiefen des Lebenswassers.

Wer sich der inneren Bewegung unseres Predigttextes aus dem letzten Kapitel des Philipperbriefes lange genug aussetzt, kann ähnliche bewahrende und befreiende Worte entdecken. Denn da ist einer, der aus dem Gefängnis an seine Lieblingsgemeinde von Freude und Dank schreibt. Keine depressiven Worte, sondern Worte der Aufmunterung für die Gemeinde. Worte der Wegweisung für das geschwisterliche Miteinander-Umgehen.

Zum weiteren Verlauf

- Ist das »Genügsamkeitsideal« des Paulus übertragbar in unsere Zeit? Könnte es ein kritisches Korrektiv sein zu der gewaltigen Ökonomisierung unserer Lebensverhältnisse? Wenn der Philosoph Descartes formulierte: Cogito – ergo sum (ich denke, also bin ich), müssen wir heute formulieren: Consumo – ergo sum (ich verbrauche, also bin ich). Wo es angebracht scheint, würde ich an die immer noch lesenswerte Schrift von Erich Fromm »Haben oder Sein« erinnern.
- Bei älteren Gottesdienstbesuchern werden Erinnerungen an die Kriegs- und Nachkriegszeit wach mit der schwierigen Versorgungslage, aber auch Erinnerungen an die eigene Kindheit, wo sparsamer gelebt wurde. Manche erzählen heute noch von der Armut zu Hause und dem äußerst mageren Essen.
- Gut ist es, zu erinnern an Arbeitsgruppen wie z. B. Aktion Sühnezeichen/Friedensdienste mit ihren verschiedenen Auslandseinsätzen, an Besuche in Taizé, an Kirchlicher Entwicklungsdienst als Erfahrungsfelder geschwisterlichen Miteinanders in sehr unterschiedlichen Lebenssituationen
- Vielleicht wäre auch zu erinnern am Anfang eines neuen Jahres im Blick auf den Monat Januar an Geburtstage verschiedener Persönlichkeiten gelebten Glaubens, z. B. Albert Schweitzer (*14. 1. 1875), Martin Niemöller (*14. 1. 1892), Heinrich Albertz (22. 1. 1915), Dietrich Bonhoeffer (4. 2. 1906).

- Als mögliche Übersetzung von V. 19–20 in den Kontext von Gemeinde würde ich persönlich an eigene Erfahrungen mit südafrikanischen schwarzen Kirchengemeinden im Raum von SOWETO anknüpfen. In der Solidarität des christlichen Glaubens mit Gemeinden in Übersee fanden sie Kraft und Mut zum Widerstand.
- Schließlich würde ich den Versuch machen, das paulinische Genügsamkeitsverständnis als Interpretationshilfe zur Findung der eigenen Identität zu entdecken, als Lebensentwurf jenseits von Haben. Dabei würde ich anknüpfen an den manchen Gemeindegliedern vertrauten Text von Dietrich Bonhoeffer »Wer bin ich?«

Möglicher Schluss

Miteinander gehen wir in dieses neue Jahr als Gemeinde und als Einzelne. Möge uns die Gewissheit begleiten, unseren Lebensweg niemals allein gehen zu müssen. Mögen immer Menschen an unserer Seite sein als Ratgeber, als Freundinnen und Freunde, als Menschen, die es gut mit uns meinen. Und schließlich möge unser oft schwacher Glaube daraus seine Kraft schöpfen, dass wir auch die schwierigen Lebenssituationen meistern werden durch den, der uns stark macht!

Kontexte

1. Verschiedene Worte aus Knallbonbons vom Silvesterabend:
»Versuche nicht, Stufen zu überspringen. Wer einen weiten Weg hat, läuft nicht.«
(Modersohn-Becker)
»Die Moral ist die Übereinkunft einer ruhebedürftigen Gesellschaft zur Erhaltung dieser Ruhe.«
(N. Stoffel)
»Die meisten Menschen bewegen sich auf dem goldenen Mittelweg und wundern sich, wenn er verstopft ist.«
(Hellmut Walters)
»Wer jede Entscheidung zu schwer nimmt, kommt zu keiner.«
(Harold Macmillan)
»Gut ist nicht gut genug, wenn Besseres erwartet wurde.«
(Th. Fuller)

2. Gedichte von Volker von Törne und Bertold Brecht

Konjunktur

Wir sind übern Berg
Nun geht es abwärts
Mit uns

Kriegsspiel

Auf der Straße
Spielen die Kinder
Krieg, bald
Wenn sie größer sind
Spielt der Krieg
Mit ihnen
(S. 196)

Für Anne

Quäl dich nicht, Tochter
Mit Mathematik: Was
Willst du berechnen?
Bilanzen, Countdowns?
Die Welt ist auch so
Schon voller Zahlen
Lern lieber Sprachen
Lern lieber sprechen!
(S. 205)

In den Wind geschrieben

Alles wird da sein
Die Sonne das Meer
Der Wind die Nacht
Holz für das Feuer
Wein in den Gläsern
Alles wird da sein

Nichts wird da sein
Wenn du mir fehlst
(S. 212)
(Volker von Törne, aus: ders., Im Lande Vogelfrei.© Verlag Klaus Wagenbach, Berlin 1981)

Der Nachgeborene

Ich gestehe es: ich
Habe keine Hoffnung.
Die Blinden reden von einem Ausweg. Ich
Sehe.

Wenn die Irrtümer verbraucht sind
Sitzt als letzte Gesellschafter
Uns das Nichts gegenüber.
(S. 7)

Die Maske des Bösen

An meiner Wand hängt ein japanisches Holzwerk
Maske eines bösen Dämons, bemalt mit Goldlack.
Mitfühlend sehe ich
Die geschwollenen Stirnadern, andeutend
Wie anstrengend es ist, böse zu sein.
(S. 63)

Tagesanbruch

Nicht umsonst
Wird der Anbruch jeden neuen Tages
Eingeleitet durch das Krähen des Hahns
Anzeigend seit alters
Einen Verrat.
(S. 64)

Der Radwechsel

Ich sitze am Straßenrang.
Der Fahrer wechselt das Rad.
Ich bin nicht gern, wo ich herkomme.
Ich bin nicht gern, wo ich hinfahre.
Warum sehe ich den Radwechsel
Mit Ungeduld?
(S. 71)

Epiphanias
Der 2. Brief an die Gemeinde in Korinth 4,3-6

Klaus Eulenberger

Exegetisch-homiletische Skizze

Eine schlecht, wenigstens überraschend geschnittene Perikope. Einleuchtender erscheint mir der Zuschnitt für den letzten Sonntag nach Epiphanias, wo die Epistel – zugleich Predigttext in der Reihe II – mit dem letzten Vers dieser Perikope beginnt. Aber ein Motiv für den Epiphaniastag wird dann doch erkennbar: Der *helle Schein,* der den einen in die Herzen fällt, bleibt den anderen verborgen (oder *verdeckt,* wie es V. 3 heißt). Demnach ist Epiphanias nicht das Offenbarwerden des Lichtes vor aller Augen, sondern die Erscheinung von etwas, das erst gesehen, wahrgenommen, erkannt werden muss, damit es vor Augen ist. Oder: etwas Aufleuchtendes, das nicht allen gleich einleuchtet.

Ein paar glückliche Umstände erleichtern (mir) die Gestaltung des Gottesdienstes. Erstens: Wer würde schon an einem Donnerstag an einem Gottesdienst zum Epiphaniastag teilnehmen? Und wo würde er überhaupt gefeiert? 2008 aber fällt er auf einen Sonntag. Das bedeutet auch – und zweitens –: Das überhaupt nur am 6. Januar gelesene Evangelium Mt 2,1–12 ist an diesem Sonntag zu hören. Drittens: Das ebenfalls nur an und ab Epiphanias im liturgischen Kalender angezettelte Lied »Wie schön leuchtet der Morgenstern« klingt durch den Tag und eine ganze Woche. Das alles kann man sich schon gefallen lassen.

Und so scheint es mir nicht mehr schwierig zu bestimmen, wovon die Rede sein soll. Von dem nämlich, was »in die welt gekommen / mittels licht« (Dorothee Sölle, 19 C + M + B 62, s. Kontexte). Was aber erst wahrgenommen sein will, ehe es einleuchtet. Das Gedicht der damals noch jungen Theologin setzt mich auf dieselbe Spur wie ein Gemälde des niederländischen Malers Hans Memling: »Die Sieben Freuden Mariens« (im Internet zu finden unter www.pinakothek.de). In diesem Horizont wird das selbst so »verborgene« *Erscheinungsfest* zu einem Topos, der weit mehr als kirchen- oder gemeindeinterne Bedeutung hat.

Predigtidee

Schattierungen zwischen Dunkelheit und Licht: Wie sich der Blick auf die Wirklichkeit verändert, wenn Gott in den Herzen aufgeht.

Predigtthema

Erleuchtung, Erkenntnis, junges Licht.

Vorschlag zur Liturgie

Psalm: Ich bleibe beim vorgesehenen Ps 100 (EG). Alternativ: Ps 36 (EG) mit der Zeile: »In deinem Lichte sehen wir das Licht«.

Tagesgebet

Jesus Christus, Gottes Kind, Licht der Völker,
du bist unter uns erschienen:
der Morgenstern am nächtlichen Himmel,
ein Licht gegen die Verblendung,
ein heller Schein in unseren Herzen.
Auf deinem Angesicht liegt die Herrlichkeit Gottes.
Lass dich finden von uns überall, wo du erscheinst.
So werden wir mit vielen anderen entdecken,
wie freundlich du uns bist.

Lesung

Der Epistel (Eph 3) ziehe ich die alttestamentliche Lesung (Jes 60,1–6) vor, weil ihre Bilder sowohl im Evangelium Mt 2,1–12, als auch im Predigttext wieder erscheinen.

Lieder

Der Predigtentwurf (s. u.) setzt voraus, dass EG 70, das Wochenlied (»Wie schön leuchtet der Morgenstern«), gesungen wird, vielleicht so: 1–5 vor, 6–7 nach der Predigt. Oder im Wechsel mit der Kantorei, die dann den sehr strahlenden 4-stimmigen Satz von J. S. Bach singen könnte, der im EG steht – ebenso wie der Praetorius-Satz zu dem Choral »Der Morgenstern ist aufgedrungen«, Nr. 69. Auch darum herum ist der Tisch reich gedeckt: mit EG 67 (ein spröder, aber starker Text von der ersten Liederdichterin der evangelischen Kirche, die mit 30 Jahren in Wittenberg starb: Elisabeth Cruciger oder Kreuziger), 73 (i. A.), 74.

Fürbittengebet

Gott, der du uns ins Herz gegeben bist als ein heller Schein,
wir bitten dich für alle, die bedrängt sind von Not und Leid,
von Mangel, Hass, Schrecken oder Furcht,
für die, denen bange ist vor der Zukunft, vor unbestimmter
Bedrohung, vor Menschen, die Böses wollen.
Wir bitten dich für alle, die verfolgt werden von Unheil, von Schuld und Verderben,
von den Folgen des eigenen Verhaltens, von der Dunkelheit in ihrer Seele,
für die um ihres Geschlechtes, ihrer Herkunft, ihrer Rasse oder ihrer Gesinnung willen
Unterdrückten, die Gedemütigten, die Ausgebeuteten, die Opfer von Willkür und Gewalt:
Lass den hellen Morgenstern aufgehen in ihnen, dass sein Licht die Angst überwinde
und das Herz stärke.
Erwecke den Willen zum Leben in allen, die von Resignation bedroht sind, und lass sie an die Quellen ihres Widerstandes gelangen.
Du willst nicht, dass Menschen zu Opfern der Zeit und der Umstände werden.
So hilf uns und allen, die sich nach dir sehnen, Gott, zu deiner belebenden,
befreienden, erhellenden Gegenwart.
Deine Herrlichkeit gehe auf über uns und allen Menschen.

Vorschlag zur Predigt

Möglicher Anfang

Liebe Gemeinde! Etwa in der Mitte des Bildes ragt der Palast des Königs Herodes in Jerusalem in den Himmel, mit einem Turm, der wie ein Männlichkeitssymbol wirkt. Die Sinnmitte des Bildes aber ist an ganz anderer Stelle. Sie ist dort, wo diesseits des Turmes in einem nach vorn und zum Himmel offenen Gemäuer ein anderer König vor dem neugeborenen Kind kniet. Links und rechts von ihm warten zwei weitere Herrscher darauf, dem Kind ihre Geschenke zu bringen. Die Augen werden auf den ersten Blick von dieser Szene angezogen. Erst später fangen wir an zu sehen, dass der Maler – Hans Memling, der im 15. Jahrhundert eine Fülle von Altar- und Andachtsbildern angefertigt hat – noch viel mehr auf der Fläche untergebracht hat. Sie ist vergleichsweise klein – 190 cm breit und 80 cm hoch –, aber wenn man in der Alten Pinakothek in München davor stehen bleibt, hat man ungefähr so viel zu schauen wie in einem Bilderbuch von Ali Mitgutsch, wie es Kinder im Vorschulalter so lieben. Im Bildhintergrund sind drei felsige Berge zu sehen und auf jedem von ihnen mindestens *eine* Gestalt. Bedeutsamer als der Turm des Palastes erscheint nun ein Stern, der gleich neben seiner Spitze am halb dunklen Himmel aufstrahlt. Und er – dieser Stern – ist es, nach dem die Männer auf den Gipfeln Ausschau halten. Was ist mit diesem Stern? Wir haben die Geschichte gehört, auf die Hans Memling anspielt. Dort am Horizont fängt alles an. Die unbekannte Himmelserscheinung ist es, die drei *Weise* (oder Magier) im *Morgenland* anregt, sich auf einen weiten Weg zu machen. Zunächst reist jeder für sich, mit Gefolge. (Denn schon bald sind aus den Weisen der Geschichte Könige geworden.) Dann – wir reisen durch Memlings Gemälde – treffen die drei Züge aufeinander. In uns setzt sich zusammen, was das Bild nicht darstellen kann: Man verständigt sich, dass man dieselbe Erscheinung gesehen hat, man setzt die Reise gemeinsam fort, kommt im Königspalast in Jerusalem an und bricht von dort noch einmal auf, um schließlich in jenem Gemäuer, dessen Dach nach oben offen ist, zu finden, was man gesucht hat: den *neugeborenen König der Juden*. Dies ist längst nicht alles, was auf der hölzernen Tafel dargestellt ist, aber wir haben fürs Erste genug gesehen. Im Angesicht des Kindes im Schoß seiner Mutter wissen die drei, warum und wohin

sie unterwegs waren.
Der Stern, so fürchten wir, wird weiterziehen, der Palast mit dem männlich-mächtigen Turm wird bleiben. Nicht für immer, aber länger, als der Stern sichtbar war. Zwar steht der Turm in Memlings Bild genau über dem Stall, der so als sein Fundament gesehen werden kann; tatsächlich aber macht er sowohl dem Stern oben wie auch dem Stall unten bedrohlich Konkurrenz. In ihm regiert der König Herodes, dem die biblische Geschichte alles Böse zudenkt: Da er sich bedroht fühlt durch den »neugeborenen König der Juden«, von dem die Weisen gesprochen haben, wird er alle Kinder in und um Bethlehem töten lassen, die nicht älter als zwei Jahre sind. Wenn wir noch einmal auf das Bild sehen, nehmen wir wahr, dass es auch dieses Schreckliche in sich enthält. Die Tötung der Kinder in Bethlehem findet statt, während der nun vereinte Zug der drei Könige sich auf Jerusalem zu bewegt. Die Reiter sehen nichts davon, und sie hören die Schreie der Kinder und ihrer Mütter nicht.
Wie verhalten sich der Stern am Himmel und der Schrecken auf der Erde zueinander?

Zum weiteren Verlauf

Ich führe nun den Predigttext ein, und zwar zunächst mit V. 6. Das *Licht, das aus der Finsternis hervorleuchtet,* beziehe ich mit einigen knappen Sätzen sowohl auf die Schöpfung (Gen 1,3) als auch auf Weihnachten. Erst danach lese ich die Verse 3–5. Mit ihnen relativiert Paulus ja das vielfache Licht des großen und »strahlenden« Satzes V. 6: Es ist *verdeckt* für die, deren Sinn *verblendet* ist. (Mit dem göttlichen Licht, das in die Welt gekommen ist, konkurriert ein anderes Licht, eine *Blendung,* die von dem *Gott dieses Zeitalters* ausgeht! Der phallische Turm und der verfallende Stall erscheinen hier, in anderer Gestalt, wieder.) Den stark abfälligen Ton, den Paulus den *Verblendeten* gegenüber anschlägt, will ich nicht übernehmen; vielmehr beschreibe ich, was der Fall ist: Was für die einen offensichtlich ist, leuchtet den anderen nicht ein. Genauso verhält es sich ja auch in dem Lied »Wie schön leuchtet der Morgenstern«. Philipp Nicolai, der Dichter und Komponist des Chorals, kann ganz helle, warme Töne anschlagen. Dann sagt er: »Von Gott kommt mir ein Freudenschein, wenn du mich mit den Augen dein gar freundlich tust anblicken.« Zwar ist ihm klar, dass diese Augen nicht ihn allein ansehen. Und dass er ihn seinen *Schatz* nennt, bedeutet nicht, dass andere nicht denselben Schatz haben

könnten. Aber an sich selbst nimmt er wahr, was denen geschieht, die so freundlich angeblickt werden: Sie werden schön. In diesem Augenblick wird er so schön, wie er es in den Augen Gottes ist. Es ist eine Schönheit, die nicht der zweispitzige Bart macht und nicht die hohe Stirn, die auf einem Porträt des Hauptpastors an St. Katharinen in Hamburg vom Anfang des 17. Jahrhunderts zu sehen sind. Der Blick von Gott macht sie. Und sie ist nicht so sehr zu sehen wie zu fühlen: Die Schönheit ist das Glück, das den so Angesehenen nun erfüllt.
»Wenn du mich ansiehst, werd ich schön«, heißt es in einem Gedicht der chilenischen Lyrikerin Gabriela Mistral. Zum Glück wissen wir, wie es sich anfühlt, von einem solchen Blick getroffen zu werden. Er macht Anstrengungen entbehrlich, er erlöst von Selbstzweifeln, wie sie im Morgengrauen kommen, er richtet auf und versöhnt mich mit mir selbst. *Von Gott kommt mir ein Freudenschein.* Gott freut sich an mir, und warum er es tut, das weiß Gott allein; es bleibt sein Geheimnis, aber er hat Gründe, seine Gründe. Der strenge Prediger ahnt, dass es nicht auf seinen Eifer ankommt. Etwas kommt ins Spiel, was kein Eifer hervorbringt: die Liebe, der Freudenschein. Wem es so geht, in dessen Herzen geht *ein heller Schein* auf. Könnte er nicht in allen so aufgehen? Er tut es nicht: Was die einen entzündet, lässt andere kalt.

Möglicher Schluss

In einer Erzählung von Ralf Rothmann findet sich beides: das Schreckliche und das Schöne, die Verblendung und das Erkennen – und beides nah beieinander, ja ineinander verwoben. Der Tierpfleger, der sie mitteilt – Faktotum in einem heruntergekommenen Wanderzirkus –, bleibt ohne Namen. Namen haben die drei Lamas – Molly, Sarah und Tim –, für die er die Verantwortung hat, ohne sie doch wirklich wahrnehmen zu können: Er kann nicht verhindern, dass die Tiere misshandelt werden von einem sadistischen Dicken, der im Zirkus den Clown gibt. Die Geschichte trägt sich, wie oft bei diesem Autor Ralf Rothmann, zu in einem Milieu von Suff, unbeherrschter Gewalt und kaum gesteuerter Triebhaftigkeit, und es muss gesagt werden, dass der Tierpfleger selbst dieses Milieu nicht nur erleidet, sondern auch unterhält. Kein Gutmensch ist dieser Ich-Erzähler. Es kommt der Augenblick, in dem er, getrieben vom Erbarmen mit »seinen« Lamas ebenso wie von dem Verlangen, selbst dem Elend zu entkommen, sich an das erinnert, was sein alter Freund

Kurt mal gesagt hat: »Die Freiheit kann einem niemand geben. Dann wär's schon keine mehr. Freiheit muss man sich nehmen.« Er wünscht dem Dicken im Stillen »alles Gute, Gottes Segen und so«, stopft seinen Rucksack voll mit Möhren und Brot und geht über die Wiesen davon. »Und die Lamas immer schön hinter mir her.« Und dann bekommt die Geschichte etwas wundersam Leichtes, Sterne kommen natürlich auch darin vor: »Ich dachte, dass es eigentlich keine Grenzen gibt, oder? Das sind nur Striche im Kopf oder auf dem Papier, das hat nichts mit dem Leben zu tun, und mit meinen Lamas schon gar nichts ... Nachher kamen die Sterne raus, mit Lichtern von Flugzeugen dazwischen, ganz entfernt glänzte der Rhein, und ich setzte mich unter einen Baum und trank die Dose Bier, die ich mitgenommen hatte. Ich wusste nicht, wie's weitergehen sollte, klar, aber das war auch egal. Die Tiere standen still in meiner Nähe, stolze Umrisse vor der blauen Nacht, und ich konnte alles in ihren Augen sehen, Alter, den ganzen Weg.«

»Der ganze Weg«: Das ist wohl alles, was die vier Kreaturen hinter und vor sich haben. Schmerz und Demütigung, Lebenswille und Freiheitsdrang, Angst, Anhänglichkeit, das Leben als Strafe, unbesiegter Stolz. Es wird wohl nicht gut ausgehen für die Vier. Aber in dieser Nacht gibt es keine Grenzen für sie, ein *heller Schein* ist in das Herz des Mannes gegeben, und ohne dass er es weiß oder daran denkt, trägt er das *Angesicht Jesu Christi,* des Getöteten, den der Tod nicht bezwungen hat, und wir sind mit ihm erleuchtet und sehen *die Herrlichkeit Gottes* an einem Ort, wo wir sie nicht vermutet hätten. In *irdenen Gefäßen* sehen wir sie, wie die Fortsetzung des Briefes es sagt, und auch dies ist wahr, wie es für den Ich-Erzähler der Geschichte wahr ist: »Wir sind von allen Seiten bedrängt, aber wir ängstigen uns nicht.«

Gestaltungsidee

Es legt sich nahe, das erwähnte und beschriebene Gemälde Hans Memlings im Gottesdienst sichtbar zu machen. Das geht auf zweierlei Weise: entweder durch Dias, die Jörg Zink in der Reihe DiaBücherei Christliche Kunst (Eschbach 1981) veröffentlicht hat, oder durch Farbkopien der Reproduktion, die im Internet zu finden ist (vgl. die exegetisch-homiletische Skizze).

Kontexte

Die Erzählung »Der ganze Weg« findet sich in dem Band »Rehe am Meer. Erzählungen« von Ralf Rothmann, Frankfurt am Main (Suhrkamp) 2006, S. 201–213.

<u>19 C + M + B 62</u>
Ich habe nachgedacht darüber
warum sie losgingen
eine beträchtliche unordnung am himmel
eine dreifache lichtquelle
an unvermutetem platz
ein nichtbekannter unter guten bekannten
ist das ein grund zu reisen
auf versandeten straßen
mit faulendem wasser im schlauch
mehrere monate lang
sehen wir ab von höherem
das sie hinanzog vielleicht
davon verstehe ich wenig
dann würde ich es nennen
was sie forttrieb von hause
wo es ihnen gut gegangen sein muss
mit der weltumwälzenden tugend neuerer zeit
als neugier
diese denke ich schickte sie auf ihren weg
sie wollten nachsehen was los ist
eine eingetretene unordnung denkend begradigen
und einer unvermuteten helle
anweisen ihr gesetz ihren sinn ihren platz …

Also begaben sie sich
auf den mühseligen weg der erforschung
unbekannter unordnung
in die Welt gekommen
mittels licht …
(Dorothee Sölle, in: Meditationen & Gebrauchstexte, Gedichte. © Wolfgang Fietkau Verlag, Berlin 1969, S. 30, Auszug)

Einleitungsteil mit Kindern
Epiphanias

Timo Schmidt

Leitmotiv: Heiland für alle Völker

Psalmgebet: nach Ps 100
Kehrvers: Lasst uns miteinander singen, danken, loben den Herrn (nach: KG, Claudius, 189)
Alle Menschen auf der Erde,
lasst uns singen und tanzen vor Gott.
Kommt und staunt!
Lasst uns danken und loben in seinem Haus!
Kehrvers: Lasst uns miteinander singen, danken, loben den Herrn (nach: KG, Claudius, 189)
Denn Gott ist für uns Menschen da.
Er ist es, der uns gemacht hat.
Er begleitet uns und hilft uns auf unseren Wegen.
Er hat uns das Leben geschenkt.
Er hat sich zu uns gewandt und uns angenommen.
Kehrvers: Lasst uns miteinander singen, danken, loben den Herrn (nach: KG, Claudius, 189)
Wie ist Gott so freundlich,
unendlich gnädig,
und was er sagt,
gilt für immer und ewig.
Kehrvers: Lasst uns miteinander singen, danken, loben den Herrn (nach: KG, Claudius, 189)

Lesung: Mt 2,1–12
z.B: in der Neukirchener Kinderbibel, S. 178–180.
oder: Mit Gott unterwegs, Regine Schindler, S. 67ff. (flüssige und erklärende Erzählung)

Lieder: Alle Kinder dieser Erde (KG Claudius,126)
Alles, was Odem hat, lobe den Herrn EG 621 (Baden/Pfalz)
Lobe den Herrn, meine Seele (Wo wir dich loben, wachsen neue Lieder, München 2005, 68)

Besondere Aktion

Freudentanz zum Lied »Er hält die ganze Welt in seiner Hand« (KG, Claudius, 143) im Altarraum.
Schön wäre es, der Tanz hätte zum Mittelpunkt einen Erdball.

Letzter Sonntag nach Epiphanias

Der 2. Brief des Petrus 1,16–19(21)

Elisabeth Müller

Exegetisch-homiletische Skizze

Grundlegend für das Verständnis des Predigttextes ist der Begriff der Parusie.

Sie stellt für den Verfasser/die Verfasserin des Briefes ein zentrales Anliegen dar, oder besser gesagt: Es geht um die Wahrheit der Parusie Jesu als des Christus.

»Parusia« nannte Plato das Anwesendsein der Wesenheiten in der Existenz. Im frühen Christentum erfuhr der Begriff eine Umdeutung auf das Christusereignis hin: In Leben, Tod und Auferstehung des Jesus von Nazareth ist Gott erschienen, ist Gott anwesend gewesen, hat eine zentrale Theophanie stattgefunden – und wird wieder stattfinden.

Diesen Glauben verteidigt der 2 Petr vehement gegen die so genannten »Parusiespötter«, und zwar in dreifacher Hinsicht:

1.) Gegen jene, die alle Berichte über Theophanieerlebnisse als listige Erfindungen abtun. Von daher wird verständlich, warum hier ausgerechnet die Verklärung Jesu als ein »Beweis« für die Wahrheit der Parusie erwähnt wird. »Oft wurde gefragt, warum »Petrus« statt des Verklärungsgeschehens nicht die ungleich bekanntere Auferweckung Jesu nennt, die normalerweise als Voraussetzung des Parusieglaubens verstanden wird.« (Anton Vögtle, Der Judasbrief/Der 2. Petrusbrief, EKK/XXII, Neukirchen 1994, S. 164) Die Antwort lautet: Weil die Verklärung in gewissem Sinne das stärkste Zeugnis für die Wahrheit der Theophanie ist, sie bezeugt die Verbindung von Himmel und Erde, von Gott und Mensch unmittelbar. Natürlich bleibt es fraglich, ob die Wahrheit von Theophanien im engen Sinn des Wortes »beweisbar« ist; sie sind lediglich erzählbar und bezeugbar, und in gewisser Weise geht auch der 2 Petr diesen Weg, indem die Verklärung erzählt und durch das Erzählen als wahr bezeugt wird.

Die Parusie Jesu wird also verteidigt gegen Menschen, die die Erfahrung der Theophanie lächerlich machen und als nicht glaubwürdig disqualifizieren.

2.) Gegen den Vorwurf, dass von einer Theophanie/Parusie nichts zu spüren sei: »Die Welt und das Weltgeschehen geht weiter wie seit eh und je.« (Vögtle, a. a. O., S. 177) Das reale Unheil zu allen Zeiten ist der stärkste Einspruch gegen die Wahrheit der Heilserfahrung zu allen Zeiten. Dies ist die grundlegende (berechtigte) Anfrage an die Wahrheit des Christusgeschehens seit damals, und eine Predigt hat in gewisser Weise immer die Aufgabe, sich mit dieser Anfrage auseinanderzusetzen und von der Wahrheit der Parusie inmitten des Unheils und gegen das Unheil Zeugnis abzulegen.

3.) Gegen jene, die das Ausbleiben der erneuten Parusie behaupten: Sie erklären, »die Parusieverheißungen seien erledigt, weil sie in der ersten Generation nicht in Erfüllung gingen.« (Vögtle, a. a. O.,S. 174) Wie diese Frage zu beurteilen ist, hängt von der unter 2.) gegebenen Antwort ab. Wird die Parusie als ein konkretes, objektiv feststellbares, geschichtliches Ereignis, oder noch pointierter, als das Ende der Geschichte begriffen, dann ist sie ausgeblieben bis auf den heutigen Tag, und das Problem der so genannten »Parusieverzögerung« stellt sich.

Wird Parusie aber verstanden als das Hereinbrechen einer anderen, göttlichen Wirklichkeit in die eigene Wirklichkeit – also ein »Hereinscheinen« des Göttlichen (Theophanie) in das konkrete Leben – dann ist die Wahrheit der Parusie nie objektiv feststellbar, sondern im o. g. Sinne nur als wahr zu bezeugen. Mithin handelt es sich auch um kein Ereignis am Ende der Zeit, sondern um konkrete Gotteserfahrungen im Hier und Jetzt. Paul Tillich merkt dazu Folgendes an: »Mit anderen Worten: das *Kairos*-Erlebnis steht unter dem Schicksal der Geschichte, und das macht Voraussage im wissenschaftlich-technischen Sinn unmöglich. Niemals hat sich eine Zeitangabe, die in einem *Kairos*-Erlebnis gemacht wurde, als richtig erwiesen, und niemals ist eine Situation, die man als Ergebnis eines *kairos* erwartete, eingetreten. Aber für einige Menschen ereignete sich etwas, als sich die Macht des Reiches Gottes in der Geschichte manifestierte, und seitdem ist die Geschichte verändert ... Das Reich Gottes ist immer gegenwärtig, aber die Erfahrung von seiner die Geschichte erschütternden Macht ist es nicht, *Kairoi* sind selten, und der große *kairos* ist einmalig, aber zusammen bestimmen sie die Dynamik der Geschichte in ihrer Selbst-Transzendierung. ... Von einem »göttlichen Plan« zu sprechen, ist irreführend, selbst wenn er nicht deterministisch verstanden wird. Denn das Wort »Plan« lässt an ein im Voraus entworfenes Modell denken mit all den Einzelheiten, die zu einem Plan gehören. Damit wird das Element des Zufalls im geschichtlichen Prozess so sehr beschränkt, dass das Schicksal die Freiheit auslöscht. Aber die Struktur der Geschichte schließt das Zufällige ein, das Überraschende, das unableitbar Neue. ... Die prophetischen Verkündigungen sprechen von keinem konkreten Plan, sondern weisen auf die universale Erfahrung hin, dass sich Gottes Handeln als schöpferische Kraft in der Geschichte manifestiert.« (Paul Tillich, Systematische Theologie, Bd. III, Stuttgart 1981, S. 422 ff.). Diese schöpferische Kraft Gottes manifestiert sich in der Geschichte der Menschheit, der Völker, der Religionen und der Individuen, und zwar immer wieder.

Dieses Grundthema des Briefes findet sich in den Versen 16–19.
Die Verse 20+21 entfalten die damit zusammenhängende Thematik der Schriftauslegung: Wie werden die Buchstaben der Schrift lebendiges Wort? Wie wird die Schrift wahr? Trotz des engen Zusammenhangs ist diese Thematik m. E. für *eine* Predigt zu viel. Daher plädiere ich dafür, sich für die Predigt auf die Verse 16–19 zu beschränken und das Thema der Theophanie in der Predigt aufzugreifen.
Jahreszeitlich enthält die Epiphaniaszeit mit dem zunehmenden Licht dazu viele Anregungen; und der Text bietet mit den poetischen Worten vom Licht, das im Morgenstern auf-leuchtet und die Herzen er-leuchtet, eine schöne Symbolik, die die Predigt aufgreifen kann. Wie das Licht, das wir in den länger werdenden Tagen suchen und begrüßen, leuchtet das (erfahrene?) Licht Gottes in unser Herz und gibt uns Kraft und Mut. *Das Licht leuchtet in der Finsternis* (Joh 1,5) könnte dafür ein Leitthema sein.
Allerdings halte ich es für zwingend, das Thema der Theophanie zunächst von gewissen Überhöhungen zu befreien. Viele Menschen nehmen ihre Theophanieerfahrungen gar nicht ernst, weil sie ihnen als zu banal erscheinen oder als zu persönlich. Karikiert gesagt: es muss nicht immer ein Engelschor im Hintergrund singen, es müssen nicht Blitze am Himmel zucken, es muss nicht eine donnernde Stimme sprechen, wenn eine Theophanie geschieht – obwohl das sicherlich beeindruckende Begleiterscheinungen sein mögen. Aber im Leben der meisten Menschen ereig-

net sich Theophanie eher unscheinbar und banal. Die Predigt sollte solche Licht-Erfahrungen beschreiben oder ihnen nachspüren, die im ganz gewöhnlichen Leben erlebt werden. Dazu können auch Beispiele erzählt werden, aber ich empfehle darauf zu achten, dass solche Beispiele nicht die ganz »Großen«, eher heldenhaften Berühmtheiten nennen. Persönliche Licht-Erfahrungen entspringen der gleichen Quelle wie die scheinbar viel größeren und berühmteren der großen Vorbilder oder wie die Verklärung Jesu, die der Text beschreibt. Solche Erfahrungen sind Parusien!
Anders gesagt: Die Erfahrung von Parusie hat nie aufgehört, sie bestimmt das Leben vieler Menschen bis heute. Und wenn es nicht so wäre, dann könnten wir nur ein fernes Ereignis der Vergangenheit bewundern oder aufgrund des Zeugnisses früherer Menschen für wahr halten.
Eine theologische Konserve sozusagen, aber nie Frischkost, kein wirkliches Lebens-mittel. Das wäre auf Dauer wenig überzeugend!
Bis heute allerdings sind Theophanie-Erfahrungen der Lächerlichkeit ausgesetzt und manchmal auch preisgegeben. Die Haltung der Gegner des 2 Petr ist nicht ausgestorben, und wer sich mit religiösen Erfahrungen aus der Deckung traut, muss auch heute mit Spott und Verachtung rechnen. Nicht zuletzt deshalb ist es vielen Menschen peinlich, über ihre religiösen Erfahrungen zu sprechen. Daher ist es wichtig, in der Predigt die Menschen zu ermutigen, dass sie ihre Erfahrungen ernst nehmen, vielleicht zunächst einmal wahrnehmen.

Predigtidee

Der Verfasser/die Verfasserin des 2 Petr beschreibt eine »Theophanie«, ein »Hereinscheinen« des göttlichen Lichts in das eigene Leben. Wie dunkel es auch sein mag, am Ende wird es wieder Tag werden, und das Licht des Morgensterns wird sich ausbreiten.

Predigtthema

Wo haben wir in unserem Leben »Lichterfahrungen« gemacht, vielleicht ganz unscheinbar und unspektakulär, aber doch so, dass wir sie in uns bewahren wie ein Licht für dunkle Zeiten?

Vorschlag zur Liturgie

Psalm: Ps 97 (Auswahl)

Die Erde frohlocke!
Freuen sollen sich die vielen Inseln.
Rings um Gott sind Wolken und Dunkel,
Gerechtigkeit und Recht sind die Stützen des göttlichen Thrones.
Blitze erhellen den Erdkreis;
die Erde sieht es und bebt.
Gerechtigkeit verkünden die Himmel;
Licht und Glanz schauen die Völker.
Zion hört es und freut sich,
die Töchter Judas jubeln, Gott,
über deine Gerechtigkeit.
Ein Licht erstrahlt den Gerechten
und Freude den Menschen mit redlichem Herzen.
Ihr Gerechten, freut euch an Gott!

Einleitung zum Kyrie/Eingangsgebet

Gott,
du Licht unsres Herzens,
tief in uns
leuchtest du.

Mitten in der Dunkelheit
leuchtest du.

Am Ende des Unrechts
leuchtest du.

Auf dem Grund des Brunnens
leuchtest du.

Bleibe bei uns,
du, Erleuchtung,
bleibe bei uns,
heller Morgenstern!

Einleitung zum Gloria

Glaubt an das Licht, solange ihr's habt,
damit ihr Kinder des Lichts werdet! (Joh 12,36)

Lesung

Mt 17,1–9 eignet sich gut, weil die Verklärung hier beschrieben wird; ansonsten ist Mt 2,1–12 schön, weil erzählt wird, wie der Morgenstern den Weg zeigen kann.

Liedvorschläge

EG 450 Morgenglanz der Ewigkeit
EG 74 Du Morgenstern, du Licht vom Licht
EG 390 Erneure mich, o ewigs Licht
EG 73 Auf, Seele, auf und säume nicht
EG 537 (Westfalen) Mache dich auf und werde Licht

Fürbittengebet

Gott,
du bist das Licht,
das uns erfüllt.
Wie heute Morgen die Nacht dem Tage wich,
so lass Schuld, Angst und alles, was uns bedrückt,
von uns weichen.
Wie wir erwachten, um einen neuen Tag zu erleben,
so öffne uns die Augen für deine Gegenwart in unserem Leben.
Erleuchte uns mit deiner Liebe,
lass sie aufstrahlen in uns,
lass sie uns hinaustragen.

Wir bitten dich für alle, die das Licht der Hoffnung verloren haben:
Für die seelisch Kranken in tiefer Depression,
für die Einsamen,
für die Mutlosen,
für alle, die Gewalt erleiden müssen.

Wir bitten dich für alle, die das Licht des Glaubens verloren haben:
Für die Resignierten,
für die vom Schicksal Geschlagenen,
für alle, die sich nach deiner Nähe sehnen.

Wir bitten dich für alle, die das Licht ihrer Augen verloren haben:
Für die Blinden und die ihnen helfen.

Lass sie alle das Licht deiner Gegenwart erfahren!

Vorschlag zur Predigt

Möglicher Anfang

Der heutige Sonntag markiert eine Schnittstelle im Kirchenjahr: Mit dem letzten Sonntag nach Epiphanias geht die Weihnachtszeit zu Ende, und ab nächster Woche orientieren wir uns schon an Ostern, das in diesem Jahr sehr früh gefeiert wird.

Die Kräfte des Lebens, die sich über Winter tief in die Erde zurückgezogen haben, beginnen nun langsam nach außen zu dringen. Auch wir selbst werden die länger werdenden Tage genießen. Das zunehmende Licht wird uns nach den kurzen Wintertagen zu neuem Leben erwecken. Das Licht stimuliert und belebt uns. Und viele können nun, wo das Ende des Winters naht, es kaum noch erwarten, dass es endlich wieder heller wird.

Vom Licht und seiner Bedeutung spricht zu uns auch der heutige Predigttext.

(*Text verlesen*)

Das Licht, von dem hier gesprochen wird, ist ein anderes Licht als der helle Schein der länger werdenden Januartage. Dennoch ist das helle Licht, das jetzt manchmal scheint, gleichsam ein Geschwister des göttlichen Lichts, von dem in diesem Brief die Rede ist. Beide Formen des Lichts brauchen wir, um leben zu können: das äußere Licht der Sonne genauso wie das innere Licht Gottes. Unsere Seele lebt von dem, was wir in unserem Leben an Lichtem, an Hellem und Erfüllendem erfahren: Wir leben von Zuwendung, Wärme und Verständnis anderer Menschen. Wir leben von dem, was uns an Kraft und Halt geschenkt wird. Und wir leben von Begegnungen mit dem göttlichen Licht: Vielleicht als eine so genannte »innere Stimme«, die sich meldet – als eine bestimmte Gewissheit, die uns zuteil wird – als eine plötzliche, folgenschwere Erkenntnis – als eine Kraft, die zu uns kommt wie ein Geschenk und die uns hilft, eine Situation zu meistern oder zu verlassen. Vielleicht auch als eine Erfahrung des Gehalten-Seins in der Krise. Oder als Traum, der uns eine Botschaft übermittelt, so wie es den Weisen geschah, die den Stern suchten. All dies schenkt uns Gott.

Zum weiteren Verlauf

Die Predigt sollte nun entfalten, dass die Erfahrung von Licht eine bestimmte Form von Gewissheit schenkt: Das konkrete Erlebnis wird bewahrt und weitergegeben wie ein Licht für dunkle Zeiten. Es schenkt die »Gewissheit, dass das Negative in der Geschichte ... sich niemals gegen die zeitlichen und ewigen Ziele des geschichtlichen Prozesses behaupten kann«. (Tillich, a. a. O., S. 424)
Der Morgenstern, den der 2 Petr den Lesenden als Orientierung und Richtschnur empfiehlt, ist ja nichts anderes als ein Sinnbild dieser Gewissheit: Wer einmal erfahren hat, dass das Heil stärker ist als das Unheil, wird diese Erfahrung in sich bewahren.

Möglicher Schluss

Der Morgenstern ist das Symbol für den Sieg des Lichts über die Finsternis, deshalb schenkt er Gewissheit und Vertrauen. Er kann, wie die Geschichte von den drei Weisen zeigt, sogar den Weg anzeigen. Deshalb wird uns empfohlen, uns an dieses Licht zu halten und ihm zu vertrauen. Das Licht leuchtet in der Finsternis – es leuchtet für Sie und für mich und für alle, die seine Hoffnung brauchen. Kaum ein stärkeres Zeichen ist denkbar für die Kraft des Glaubens als dieses: Licht in der Finsternis. Deshalb stehen am Ausgang (oder verteilen die KonfirmandInnen) gleich Körbe mit Kerzen: nehmen Sie sich eine mit und zünden Sie sie gelegentlich an, wenn Sie ein wenig Licht im Dunkel nötig haben. Gerne können Sie auch eine Kerze mitnehmen und an jemanden verschenken, dem das Licht auch guttun würde. Denn das Licht leuchtet in der Finsternis – und die Finsternis wird es nicht erfassen!

Symbole, Aktionen

Jede Form von Kerzensymbolik empfiehlt sich: etwa Kerzen an alle Gottesdienstbesuchenden zu verschenken (s. o. Möglicher Schluss), eventuell auch anzuzünden o. Ä.
Da der letzte Sonntag nach Epiphanias in diesem Jahr sehr früh liegt, könnten auch die Kerzen des Weihnachtsbaums ein letztes Mal angezündet werden oder der Morgenstern über der Krippe, der den Weisen den Weg zeigte, erleuchtet sein.

Kontexte

Alles, was man von Gott zu denken vermag, das ist alles Gott nicht.
Was Gott in sich selber sei, dazu kann niemand kommen,
er werde denn in ein Licht gerückt, das Gott selber ist.
(Meister Eckhart)

Dieses Intendieren auf einen Stern, eine Freude, eine Wahrheit gegen die Empirie ... ist der einzige Weg, noch Wahrheit zu finden.
(Ernst Bloch, Tübinger Einleitung in die Philosophie, Frankfurt 1986, S.95)

Im Altgriechischen gibt es ein Wort, *kairos*, das diese Gunst des Augenblicks bezeichnet, diese Form der Notwendigkeit, die sich zeigt und die wir erkennen, aber nicht vollständig beweisen können. ... Es ist weder reiner Zufall noch eiserne Notwendigkeit, es umfasst alles, es ist noch besser: Du kannst dich für deinen Teil hineinbegeben, und das Ganze gibt dir eine Antwort. (Libreria delle donne di Milano, Wie weibliche Freiheit entsteht, Berlin 1989, S. 184)

Septuagesimae
Der Brief an die Gemeinde in Rom 9,14–24

Cornelia Hankel

Exegetisch-homiletische Skizze

Der Predigttext steht innerhalb der Kapitel 9 bis 11, die die bleibende Erwählung Israels zum Thema haben. Paulus als Jude antwortet auf die Fragen, warum die Mitglieder des Volkes Israel Jesus nicht als den Messias angenommen haben und ob sie deshalb von Gott verworfen werden.
Er stellt klar, dass Israel Gottes erwähltes Volk bleibt. Und nur weil es Jüdinnen und Juden gibt, die an der Tora allein festhalten, ist der Weg für andere Völker frei geworden, konnten sie als Zweige des wilden Ölbaums auf die Wurzel des kultivierten Ölbaums eingepfropft werden (Röm 11,11–24). Die heidenchristlichen Menschen haben gemeinsam mit den jüdischen Menschen Anteil an der Kraft spendenden Wurzel.
Gott selbst hat so gehandelt und Mitglieder des eigenen Volkes verhärtet, so wie auch schon Jakob auserwählt und Esau abgewiesen wurde (Röm 9, 11–13).
Unser Predigttext stellt nun die Frage, ob das nicht ungerecht sei. Und Paulus erklärt es mit dem Bild des Töpfers, der die Freiheit hat, die Tongefäße entweder zum ehrbaren oder zum unehrenwerten Gebrauch zu machen. Den Tongefäßen steht nicht zu, den Töpfer in Frage zu stellen, sie haben zu akzeptieren, dass manche Zorn- und manche Barmherzigkeitsgefäße sind. Das bedeutet allerdings kein zeitloses Schicksal, das die Menschen nicht verändern könnten, sondern es kommt darauf an, allein aus Glauben, aus dem Vertrauen auf Gott die Barmherzigkeit und die Gerechtigkeit Gottes zu erlangen. Gefäße für die Barmherzigkeit Gottes zu werden, ist nun Menschen aus allen Völkern möglich. (Röm 9, 24).

Predigtidee

Ist Gott ungerecht, wenn nicht alle Menschen Barmherzigkeit erlangen?

Predigtthema

Menschen aus allen Völkern werden vor Gott gerecht, indem sie allein der Barmherzigkeit Gottes vertrauen.

Vorschlag zur Liturgie

Zum Anfang

Ein Körpergebet im Stehen statt eines Votums:

- Geist der lebendigen Gottheit, (Arme v-förmig nach oben strecken)
- erfrische mich wie Tau am Morgen (Hände heben, Handflächen zum Körper, und Finger wie Regen von oben am Gesicht vorbei»rieseln« lassen)
- öffne mich (Hände vor dem Körper weit nach außen führen)
- fülle mich (Hände formen eine Schale vor dem Bauch)
- bewege mich (Hände mit Schwung nach vorn führen) (Dreimal wiederholen)

Psalm: Ps 31

Ich jauchze und bin glücklich über deine Güte,
dass du mich ansiehst in meinem Elend,
dass du dich annimmst meiner Not,
meine Füße stellst auf weiten Raum.
Gott, wie groß ist deine Güte,
die du bereithältst denen,
die dir heilig sind!
Bewahrst sie alle in deinem Haus
vor dem Toben und dem Gezänk der Menge.
In Angst war ich und sprach:
»Du hast mich verstoßen.«
Doch du hast mein Flehen vernommen,
als ich zu dir rief.

Liebet Gott, ihr Heiligen,
die Gott vertrauen, finden Halt!
Stark sei euer Herz und mutig,
alle, die ihr auf Gott wartet.

Holger Mingram in: der gottesdienst. Liturgische Texte in gerechter Sprache, hg. von E. Domay und H. Köhler, Teil 3 Die Psalmen, Gütersloher Verlagshaus,Gütersloh, in der Verlagsgruppe Random House GmbH, München, 1998, S. 123

Kyrie

Ach Gott,
manchmal spüre ich dich nicht,
da steht mir das Wasser bis zum Hals.
Manchmal verstehe ich dich nicht,
da geht es den Bösen gut und den Guten schlecht.
Manchmal bist du so weit weg,
da höre ich nur meine Worte.
Ach Gott, ich komme zu dir, so wie ich bin,
und bitte um dein Erbarmen.

Gloria

Auch wenn es für uns schwer zu begreifen ist:
Gott lässt die Sonne aufgehen über Böse und Gute und lässt regnen über Gerechte und Ungerechte, spricht Jesus (Mt 5,45)
Oder der Wochenspruch Dan 9,18

Kollektengebet

Du, Gott voller Barmherzigkeit,
ich sitze vor dir, heute Morgen,
mit meinen Gedanken und meinen Gefühlen,
mit meiner Freude und meinen Sorgen,
mit dem, was ich begreife,
und mit dem, was ich nicht verstehen kann,
ich komme zu dir, mit meinen Fragen und meinen Zweifeln und hoffe auf deine Güte,
durch Jesus Christus. Amen.

Lesungen

Mt 20, 1–16a; 1 Kor 9,24–27; Lk 17,7–10; Jer 9,22–23
Auch Psalm 23 (Gutes und Barmherzigkeit werden mir folgen ein Leben lang)

Fürbittengebet

Barmherzig und gütig bist du, Gott,
deshalb bitten wir dich für uns,
dass wir nicht auf unsere Gerechtigkeit bauen,
sondern auf dein Erbarmen.
Wir bitten dich für die Menschen, für die Leistung alles ist,
dass sie zufrieden werden mit dem, was sie sind.
Wir bitten dich für die Menschen, die von anderen Leistungen erwarten,
dass sie barmherzig mit ihren Mitmenschen umgehen lernen.
Wir bitten dich für die Menschen, die bitter geworden sind durch die Erfahrungen, die sie im Leben gemacht haben,
dass sie wieder das Gute in ihrem Leben erkennen und dankbar werden.
Wir bitten dich für die Menschen, die Angst haben zu kurz zu kommen,
dass sie den Reichtum erkennen, mit dem du sie beschenkst.
Wir bitten dich für die Menschen, die in Not sind, dass sie das Vertrauen in dich nicht aufgeben und ihnen Hilfe zuteil wird.
Wir bitten dich für die Menschen, die einsam sind und traurig, dass sie Menschen finden, die sich ihrer annehmen und sie wieder froh werden können.

Lieder

EG 342 Es ist das Heil uns kommen her/EG 409 Gott liebt diese Welt/ EG 262 Sonne der Gerechtigkeit/EG 640 (EKHN) Lass uns den Weg der Gerechtigkeit gehn

Vorschlag zur Predigt

Predigttext nach der Bibel in gerechter Sprache, hg. v. U. Bail, F. Crüsemann, M. Crüsemann, E. Domay, J. Ebach, C. Janssen, H. Köhler, H. Kuhlmann, M. Leutzsch und L. Schottroff, Gütersloher Verlagshaus in der Verlagsgruppe Random House GmbH, 3. Auflage Gütersloh 2007.

Möglicher Anfang

»Was heißt das nun? Ist Gott etwa ungerecht?« So beginnt Paulus den Abschnitt im Römerbrief, unseren heutigen Predigttext.
»Was heißt das nun? Ist Gott etwa ungerecht?«
Diese Fragen stellen sich die, die Jesu Gleichnis von den Arbeitern im Weinberg zugehört haben.
»Was heißt das nun? Ist Gott etwa ungerecht?«
Diese Fragen stellen wir uns, wenn wir Furchtbares erleben und unser Leben aus den Fugen gerät. Andere Menschen dagegen stehen scheinbar immer auf der Sonnenseite des Lebens. Und oft sind es sogar diejenigen, die es mit der Wahrheit nicht so genau nehmen, die anderen Menschen übel mitspielen, die zuerst immer an sich denken oder sogar Böses im Schilde führen.
»Was heißt das nun? Ist Gott etwa ungerecht?«
Diese Fragen berühren Kinder oft in besonderem Maße, weil sie ein ausgeprägtes Gerechtigkeitsgefühl haben.
Und was antworten wir?
Was antwortet Paulus?
Was antwortet Jesus?

Zum weiteren Verlauf

Des Paulus Antwort: Allein das Vertrauen in Gott führt zum Ziel, vor Gott bestehen zu können, nicht die Anstrengungen der Menschen. Gott allein bestimmt, ob Menschen Barmherzigkeit erfahren oder verhärtet werden und von Gott nichts wissen wollen.
Bild des Töpfers, der Gefäße für die Barmherzigkeit herstellen kann und andere zum Zorn.
Den Menschen als getöpferten Gefäßen, als Kunstwerken steht es nicht zu, über den Schöpfer oder die Künstlerin zu urteilen.
Aber: Das klingt so, als sei von Anfang an vorherbestimmt, was wir sein werden oder was Gott mit uns vorhat. Menschen in Afrika leben dann eben auf der Schattenseite des Lebens, uns in Europa geht es besser, die einen haben Glück, die anderen sind vom Pech verfolgt. Das wäre das Bild eines willkürlichen Gottes und klingt in unseren Ohren zynisch.
Paulus wollte keine allgemeingültige Aussage machen, nicht darüber philosophieren, was das Schicksal für uns bereithält.
Er wollte darauf antworten, was mit den Juden ist, mit Gottes auserwähl-

tem Volk, die Jesus nicht als Messias anerkennen. Sie scheinen für manche Christen in der Gemeinde Zorngefäße Gottes zu sein. Doch auch an den vermeintlichen Zorngefäßen zeigt Gott, wie viel Macht und Stärke Gott hat (Beispiel Pharao).
Und weil die Juden den Zugang zu Gott nicht über Jesus als Messias wählten, ist für Menschen aus anderen Völkern und Religionen dieser Weg frei geworden. Christen können Gottes Barmherzigkeit erlangen, ohne dass sie die Tora, die jüdischen Vorschriften, einhalten müssen.
Jesu Antwort im Gleichnis von den Arbeitern im Weinberg: Egal, wie viel wir leisten, wie lange und wie intensiv wir uns bemühen, Gott gibt jeder und jedem von uns das, was wir brauchen, die Barmherzigkeit Gottes hängt nicht von unserer Leistung ab. Das ist Gottes Gerechtigkeit.

Möglicher Schluss

Unsere Antwort: Ja, manchmal erleben wir Gott als ungerecht, manchmal verstehen wir nicht, warum einige nur Gutes im Leben erfahren und andere von so viel Leid betroffen sind. Manchmal können wir Gott nur anklagen und unsere Not zur Sprache bringen. Gott jedoch zu begreifen, steht uns nicht zu. Dann können wir nur aushalten, dass wir keine Antworten auf unsere Fragen finden.
Auf keinen Fall stimmt die resignierende Antwort: »Es ist halt so. Das ist Schicksal, da kann man nichts machen!« Das ist nicht biblisch gedacht.

Dietrich Bonhoeffer hat es in seinem Bekenntnis so formuliert:
Ich glaube nicht, dass Gott ein zeitloses Schicksal ist, sondern dass Gott auf aufrichtige Taten wartet und antwortet.
Gott wartet darauf, dass wir Menschen uns füllen lassen mit Barmherzigkeit. Wir haben die Möglichkeit dazu in uns, wir sind darauf vorbereitet. Dazu hat Gott uns herausgerufen, um Barmherzigkeitsgefäße zu werden.
(Aus: Dietrich Bonhoeffer, Widerstand und Ergebung, Gütersloh)
Diese Möglichkeit haben Menschen aus allen Völkern, ja aus allen Religionen, diese Möglichkeit haben auch Menschen, die Böses getan haben und sich davon abkehren. Diese Möglichkeit haben Jüdinnen und Juden, aber sie brauchen sie nicht, weil ihre Erwählung noch immer gilt, der Weg, den sie mit der Tora beschreiten.
Und es ist Menschen möglich, die unvorstellbares Leid erfahren haben und sich deshalb von Gott abwenden. Gott wartet auch auf sie in großer

Geduld und will sie begleiten in ihrer Not. Gott will, dass sie an Gott festhalten und sich wieder für Gottes Güte und Liebe öffnen. Und wenn sie es nicht können, sind wir Mitchristinnen und Mitchristen dazu aufgerufen, es für sie zu tun. Amen.

Symbole, Aktionen

In der Vorbereitung oder im Gottesdienst, je nach Situation der Gemeinde, mit Ton arbeiten, selbst das Töpfern auszuprobieren und eine Beziehung zu dem Gefäß zu entwickeln.
Im Gottesdienst zu einer Atemübung einladen, entweder an Stelle des Kollektengebetes oder während der Predigt. Im Sitzen oder Stehen spüren, wie ich bin und den Atem bewusst fließen lassen. Einatmen und ausatmen, in Verbindung sein mit der Ruach, Geistkraft Gottes. Mich selbst als Gefäß für die Barmherzigkeit Gottes erleben: Was nehme ich in mir auf, was gebe ich ab. Wie lasse ich mich füllen von der Barmherzigkeit Gottes?

Tipps zum Text

Peter von der Osten-Sacken, Anstöße aus der Schrift, Neukirchen 1981

Lydia Thalmeyer, Abraham und das Vermächtnis seiner Frauen, Eine ökumenische Versöhnung zwischen Juden und Arabern, Publik-Forum Oberursel 2001

Sexagesimae
Die Geschichte der Apostelinnen und Apostel 16,9–15

Christian Schwarz

Exegetisch-homiletische Skizze

Ob Paulus, dem nächtlichen Traumgesicht folgend, den Sprung nach Europa getan hätte, wenn ihm zuvor die »Bonner Thesen zur Mission« (2005)[1] unter die Nase gehalten worden wären? Bei allem Verständnis für einen zukunftsfähigen Missionsbegriff in kritischer Rezeption der Vergangenheit: inspirierend und motivierend klingt hier nichts – Mission mit angezogener Handbremse ...

Deutlich anders liest sich dagegen das 2006 veröffentlichte »Impulspapier« des Rates der EKD »Kirche der Freiheit«, dessen Untertitel den beabsichtigten Anspruch erkennen lässt: »Perspektiven für die evangelische Kirche im 21. Jahrhundert«. Als innerkirchlicher Konsens wird dort (vielleicht noch etwas zu optimistisch) festgehalten, »dass in allen kirchlichen Gruppierungen eine missionarische Neuausrichtung der Kirche bejaht wird.« (18) Dabei geht der Blick auch über die nationalen Grenzen hinaus: »Europa ‚eine Seele zu geben', wird nach allem menschlichen Ermessen auch im Jahre 2030 noch eine zentrale Herausforderung sein.« (20)

Mission ist hier selbstverständliche Lebensäußerung der Kirche. Bewusstseinsbildend hat hier offensichtlich die Leipziger EKD-Synode von 1999 gewirkt: »Alle Bemühungen um den missionarischen Auftrag fangen damit an, zu erkennen und zu beschreiben, wie schön, notwendig und wohltuend die christliche Botschaft ist. Sie zielt auf die Antwort des Glaubens.« (41, Zitat von 1999). Dazu korrespondierend wird in vielen Gemeinden eine regelrechte Aufbruchstimmung ausgemacht: »Im Geiste des Vertrauens Vertrautes verlassen« (17)

---

1 Z. B. in PTh 95 (2006) 93f.

Auch Paulus fühlt sich veranlasst, Vertrautes zu verlassen und Neuland zu betreten. Dieser Aufbruch war für den, der es wahrnehmen konnte, schon vorbereitet worden, hatte doch der Geist eine andere, nahe liegende Route verwehrt (16,6). Die neue Spur, auf die Paulus und Silas sich nun setzen lassen: Europa. Aus dem mazedonischen Hilferuf hören sie eine spezifische vocatio Dei heraus, der die Sendung (missio) auf den Fuß folgt. Denn Gottes Wille ist – für Paulus ganz selbstverständlich –, dass allen Menschen geholfen wird und sie zur Erkenntnis der Wahrheit kommen (1Tim 2,4). Anders gesagt: das »Dass« der Mission steht für Paulus außer Frage, das »Wie« und »Wo« wird dem inspirierenden Gottesgeist überlassen. Klingt das für manche heute immer noch christlich-überheblich, als hätten »wir« die Wahrheit gepachtet, so wären Paulus solche Überlegungen fremd gewesen. Der Punkt ist nicht, dass *er,* Paulus, etwas hat, was alle anderen nicht haben, sondern dass sein Leben von diesem Gott gehalten wird, ohne den menschliches Leben grundsätzlich haltlos ist: nicht *sich* bringt er, sondern *Gott.* Von dieser Position aus gibt es keine Alternative zur Mission, weil mit der Frage nach Gott der Mensch selbst auf dem Spiel steht. Die Welt, in die Paulus das Evangelium trägt, ist plural und damit gar nicht so weit von der Gegenwart entfernt, wie oft unterstellt wird (vgl. die Begegnung auf dem Areopag, 17,16–34).

In seiner Missionspraxis folgt der Paulus der Apostelgeschichte dem alten Schema der Anknüpfung: regelmäßiger Ausgangsort seiner missionarischen Bemühungen ist die Synagoge bzw. der Treffpunkt derer, die sich um die Synagoge gruppieren: der sog. Gottesfürchtigen. Offensichtlich war die Gruppe in Philippi aber so klein, dass sie nicht die für einen Gottesdienst erforderlichen zehn Männer zusammenbrachte: man (?) traf sich am Fluss. Dort kommuniziert Paulus die spezifisch christliche Botschaft: die gemeinsame jüdische Tradition wird rezipiert und in die gute Nachricht von Jesus Christus überführt, der *alle* Menschen in seinen Bund ruft – ohne die jüdische Gesetzesobservanz zu fordern (ausgenommen die Beschlüsse des sog. Aposteldekrets, Apg. 15). Der neue Glaube ist damit besonders attraktiv für alle, die dem Judentum aufgrund seines Monotheismus und/oder seiner Ethik ohnehin schon nahestanden, die Konversion aus welchen Gründen auch immer aber nicht vollziehen konnten/mochten.

Der erste Einsatz der Missionare endet mit einer doppelten Überraschung: hatte sie ein *Mann* im Traum gerufen, so wird nun eine *Frau* getauft; diese

jedoch ist keine *Europäerin,* sondern stammt aus *Kleinasien.* Wie gesagt: das »Wie« und »Wo« wird dem inspirierenden Gottesgeist überlassen, an dem es liegt, ob ein Glaubensgespräch (von einer Predigt wird nichts gesagt!) Menschen zu berühren vermag und zu einer grundsätzlichen Lebenswende führt oder nicht. Am Ende des Tages finden sich Paulus und Silas im Haus der Lydia weiter – ihre mittlerweile getaufte Hausgemeinschaft wird zum Grundstein der christlichen Gemeinde in Philippi.
Die Perikope lässt sich in 3 Teile gliedern: Auf die Berufung zur Mission in Mazedonien (1) folgt unmittelbar die Überfahrt und Weiterreise nach Philippi (2), wo als Erstes die Purpurhändlerin Lydia getauft wird (3).

Predigtidee

Den Predigttext mit dem EKD-Impulspapier ins Gespräch bringen.

Predigtthema

Mission ist gelebte Lust Gottes am Menschen.

Vorschlag zur Liturgie

Eingangslied

EG 577,1–5 (Rheinland, Westfalen, Lippe) Kommt herbei, singt dem Herrn

Psalm: Ps 119 in Auswahl (Wochenpsalm)

Eingangsgebet

Gott, am Morgen dieses Tages kommen wir vor dich.
Lass den Raum um uns weit werden,
dass wir aufatmen in deiner Gegenwart.
Dränge zurück, was sich zwischen dich und uns geschoben hat.
Lass uns ganz bei dir sein,
nur auf dich hören,

ganz für dich da sein.
Und gib uns Augen und Ohren füreinander.
Zusammen gehen wir unseren Weg.
Gemeinsam hören wir auf dich.
So bitten wir dich: Kyrie eleison.

Tagesgebet

Gott, heiliger Geist, immer wieder weckst du uns aus Gleichgültigkeit und Desinteresse. Gib uns ein brennendes Herz und eine inspirierende Hoffnung – für uns selbst, für unsere Gemeinde und die Menschen um uns herum. Das bitten wir in Jesu Namen.

Lesung: Mk 8,4–8 (Evangelium)

Lied vor der Predigt

EG 196 Herr, für dein Wort sei hoch gepreist (Wochenlied)

Predigtlieder

EG 410 Christus, das Licht der Welt; EG 181.6 Laudate omnes gentes

Fürbittengebet

Jesus Christus, dass du uns gebrauchen willst, um andere anzusprechen, das ist für uns unbequem, macht uns Angst oder ist einfach zu viel. Es fehlen uns die Worte oder der Mut – aber mehr noch fehlen uns Interesse und Liebe für andere. Vielleicht ist auch unser eigener Glaube zu unsicher und schwankend oder wir haben Angst, dann mit unserem Leben daran gemessen zu werden.
Aber du willst uns. Und so bitten wir an erster Stelle für uns: um Interesse für andere Menschen, um Mut für den ersten Schritt, um Mut als Gemeinde, die richtigen Formen und Veranstaltungen zu finden, um mehr Menschen als bisher zu erreichen, um den Mut, Prioritäten zu setzen.

Wir bitten dich für die Leitungsebene und alle Arbeitsbereiche unserer Kirche: Dass aus der Liebe zu dir und zu den Menschen neue Initiativen erwachsen, Geld investiert wird in Projekte, Gebete zu Himmel aufsteigen, dass noch viel mehr Menschen von dir berührt werden.

Und jetzt bitten wir dich für ein, zwei Menschen in unserer Nähe, die dich ganz besonders brauchen, aber sich noch nicht für dich öffnen können. Begegne ihnen, sprich sie an und hilf uns, ihnen so zu begegnen, wie es für sie hilfreich ist. (Stille)

Dein kostbares Wort berührt unsere Seele, es geht durch unseren Mund weiter in die Welt hinaus und setzt Hände und Füße in Bewegung – dafür loben wir dich. Amen.

Schlusslied

EG (Baden) 636,1.3.7 Ach lass mich weise werden *oder*
EG 70,3.5.7 Wie schön leuchtet der Morgenstern

Vorschlag zur Predigt

Eine Perspektivkommission der EKD erarbeitete das oben genannte Impulspapier für die evangelische Kirche bis zum Jahr 2030. Das Zentrum bildet die Beschreibung von zwölf »Leuchtfeuern« der Zukunft. In ihnen, so wird behauptet, sind vier allgemein formulierbare Motive (ich würde eher von Prinzipien sprechen) wirksam, die in vielen kirchlichen Veränderungsprozessen unserer Zeit auffindbar seien. (45) Gewonnen wurden sie an biblischen Texten.
Die Predigt soll erweisen, ob sich diese vier Motive bzw. Prinzipien auch in Apg 16 finden lassen. Im zweiten Schritt werden sie als kritisches Korrektiv für die jeweilige Gemeinde ins Spiel gebracht.

Möglicher Anfang

(*Verlesung des Predigttextes*)
»Kirche der Freiheit« – so heißt das Zukunftspapier der EKD vom Sommer 2006. Wie soll Kirche im Jahr 2030 aussehen, was sind »Perspektiven für die evangelische Kirche im 21. Jahrhundert«? Hochrangige Vertreter der deutschen Landeskirchen haben sich über einen längeren Zeitraum mit dieser Frage beschäftigt (darunter zwei Bischöfe) und schließlich dieses Papier vorgelegt. Neben allerhand konkreten Wegweisungen finden sich darin auch vier Prinzipien für kirchliche Arbeit, genauer gesagt: vier Prinzipien für Veränderungsprozesse, wie sie Gemeinden und die Kirche im Ganzen durchlaufen.
Von einem Veränderungsprozess erzählt auch der heutige Predigttext.

Und ich tue mal so, als könnten wir Paulus und ein Mitglied aus der Perspektivkommission der EKD an einen Tisch bringen und zuhören, wie die beiden sich unterhalten. Wie sah kirchliche Arbeit vor 2000 Jahren bei Paulus aus, wie soll sie nach Meinung der EKD heute bzw. künftig aussehen?

Zum weiteren Verlauf

a) Geistliche Profilierung statt undeutlicher Aktivität. Wo evangelisch draufsteht, muss Evangelium erfahrbar sein.

Paulus geht es einzig und allein darum, das Evangelium zu predigen (V. 10) und Glauben an Jesus Christus zu wecken. Deshalb sucht er den Ort auf, wo er religiöse Menschen vermutet – draußen am Fluss, wo sich anscheinend eine Gebetsstätte oder Ähnliches für Menschen befindet, die dem Judentum nahe stehen. Inhaltlich wird an dieser Stelle über die Verkündigung des Paulus nichts gesagt: dass sie schließlich zur Taufe führt, weist eindeutig darauf an, dass es Predigt ist, die auf Jesus Christus hinweist und ihn als Mittelpunkt des Glaubens vor Augen malt.

Frage an die Gemeinde: Wird in unseren vielfältigen Aktivitäten dieses »Christusprofil« ausreichend deutlich? So dass Menschen den Unterschied zwischen Gemeinde und Verein, Kulturinstitution etc. spüren? So dass deutlich wird: dieser Jesus Christus prägt diese Menschen – nicht nur in ihrer religiösen Innerlichkeit, sondern auch in ihrem Verhalten nach außen, in den Entscheidungen des Leitungsorgans, in den Zielsetzungen der Gruppen und Kreise?

b) Schwerpunktsetzung statt Vollständigkeit. Kirchliches Wirken muss nicht überall vorhanden sein, wohl aber überall sichtbar.

Paulus meint nicht, die ganze Stadt erreichen zu können. Wohl nimmt er die urbane Situation aufmerksam wahr (nach V. 12 geht ein mehrtägiger Aufenthalt in der Stadt voraus), doch dann entschließt er sich zu einem begrenzten Missionseinsatz – mehr wäre zwei einzelnen Personen auch gar nicht möglich.

Frage an die Gemeinde: Wo gilt uns diese Schwerpunktsetzung bzw. Konzentration? Wo meinen wir alles abdecken zu müssen (was de facto schon längst nicht mehr geschieht!), statt uns auf bestimmte Bereiche oder Personengruppen zu beschränken? Dass kirchliche Wirksamkeit klein beginnt, ist weniger das Problem als vielmehr der Unersetzbarkeitskomplex, der dazu führt, Arbeitsgebiete aufrechtzuerhalten, die längst aufgegeben werden müssten. Wo sollten wir (neue?) Prioritäten setzen?

c) Beweglichkeit in den Formen statt Klammern an Strukturen. Nicht überall muss um des gemeinsamen Zieles willen alles auf dieselbe Weise geschehen; vielmehr kann dasselbe Ziel auch auf verschiedene Weise erreicht werden.
Normalerweise beginnt Paulus seine Wirksamkeit bei den Synagogen. Dort begegnet er Juden, Konvertiten (Proselyten) und Sympathisanten (Gottesfürchtigen). In Philippi gibt es keine Synagoge, also geht er hinaus vor die Stadt und arrangiert sich mit den dort herrschenden gottesdienstlichen Formen: er stößt zum gemeinsamen Gebet der Frauen und wählt als Kommunikationsform des Evangeliums nicht die Predigt, sondern das Gespräch.
Frage an die Gemeinde: Welche verschiedenen Gruppen und Milieus gibt es bei den Menschen, die zu unserer Gemeinde gehören? Und welche Milieus davon decken unsere Gottesdienst- und Arbeitsformen ab? Wo brauchen Menschen bei uns andere Formen, um mit Glaube und Kirche in Berührung zu kommen? Wo brauchen sie andere Gottesdienstformen, andere Musik, andere Zugänge, um dem Christus zu begegnen, der allen Menschen begegnen will? Wo werden Menschen ausgeschlossen, weil sie sich mit Orgelmusik schwertun oder lieber mit ihrer Familie frühstücken, als sonntagmorgens um 9.30 Uhr zum Gottesdienst zu kommen?

d) Außenorientierung statt Selbstgenügsamkeit. Auch der Fremde soll Gottes Güte erfahren können, auch der Ferne gehört zu Christus.

Paulus lässt sich rufen. Hinter dem Hilferuf des Mazedoniers erkennt er die Not eines ganzen Kontinents, der noch nichts von der Liebe Gottes in Jesus Christus weiß. Das drängt ihn wie selbstverständlich in neue Bahnen. Er wird weiterwandern, predigen und Gemeinden gründen, soweit es Gott zulässt – in Röm 15,28 nennt er Spanien als künftiges Reiseziel, die westliche Grenze der damals bekannten Welt.
Frage an die Gemeinde: 30% der Bevölkerung, so das EKD-Papier (16), haben ein ausgeprägtes Interesse an religiösen Fragen und Themen. Wie können wir ihnen begegnen, so dass sie vom Interesse Gottes an *ihnen* erfahren? Ist unsere Gemeinde in ihrer praktischen Arbeit missionarisch ausgerichtet, d.h., versucht sie bewusst Unerreichte zu erreichen, oder ist sie

primär Treffpunkt für die, die so weit religiös sozialisiert wurden, dass sie den Kontakt zur Kirche lebendig halten? Wie nehmen wir die versteckten religiösen Bedürfnisse der Menschen um uns herum wahr? Was bedeutet »Außenorientierung statt Selbstgenügsamkeit« für unsere Gemeinde?

Möglicher Schluss

Mission ist gelebte Lust Gottes am Menschen – Gott hat Lust am Menschen und wünscht sich, dass auch der Mensch Lust an ihm bekommt. Daraus entspringt jede Mission und kann darin selbst auch zu einem »lustvollen« Geschäft werden: wenn Erfahrungen geschenkt werden wie in Philippi, dass Menschen in der Kraft des heiligen Geistes vom Evangelium berührt werden und etwas Neues beginnt.

Gestaltungsidee

Alternativ könnte das Ganze als Dialogpredigt gestaltet werden, so dass Paulus eine eigene Stimme bekommt und von seiner Arbeit erzählt. Sogar eine dritte Stimme ist denkbar, welche die Zitate aus dem EKD-Papier vorträgt. Kernsätze daraus könnten vervielfältigt werden, so dass sie mitgelesen werden können.

Tipps zum Text

Jede Menge Bekehrungsgeschichten der etwas anderen Art enthält die von den drei Journalisten Souad Mekhennet, Claudia Sautter u. Michael Hanfeld verfasste Reportage »Die Kinder des Dschihad«, München 2006. Sie berichtet davon, wie aus z. T. areligiösen jungen Muslimen fanatische Glaubenskämpfer wurden. Mein Kommentar als christlicher Theologe: Solche »Bekehrungen zum Terrorismus« kommen zustande, weil Gott und Mensch verwechselt werden: Statt dass Gott gut ist, ist hier der (islam)gläubige Mensch gut – alle anderen (die Ungläubigen) sind schlecht und dürfen/müssen ausgemerzt werden.

Mission weiter denken: Die »Bonner Thesen zur Mission« in der Diskussion, PTh 95 (2006).

»Nachdenklich sein inmitten der Alltagsarbeit«
Zum Tag des Gedenkens an die Opfer des Nationalsozialismus

Erhard Domay

Zum Anlass
Bundespräsident Roman Herzog erklärte 1996 den 27. Januar zum nationalen Gedenktag in Deutschland und bezeichnete ihn als »nachdenkliche Stunde inmitten der Alltagsarbeit«.
Die Opfer des Nazi-Terrors und der Widerstand, der sich gegen ihn bildete, bleiben Teil des politischen und kulturellen Gedächtnisses. Solche Gedenktage erschweren die Verdrängung und das Vergessen historischer Verbrechen und machen deren Leugnung als Ausdruck einer Gesinnung erkennbar, die Ursache des damaligen Unrechts war.
Am 27. Januar wurde Auschwitz befreit. So ist mit diesem Datum auch die Erinnerung an das Ende der Schreckensherrschaft verbunden. Zwischen Erleichterung und Bedrückung schwanken die Gefühle an diesem Gedenktag und es mag sich die Furcht dazugesellen, das alles könnte sich wiederholen, wenn die Gewissen abstumpfen und sich inmitten der Alltagsarbeit erneut ein Denken bildet, das ein faschistisches Machtsystem als den Königsweg zur Überwindung gesellschaftlicher Probleme predigt. Die zunehmende Attraktivität des Neonazismus nicht nur in Deutschland ist Grund genug, diese Anfänge nicht nur zu beobachten, sondern ihnen entgegenzutreten: innerlich und äußerlich.
Es ist also genau das gefordert, was Roman Herzog als Nachdenklichkeit inmitten der Alltagsarbeit ins Gespräch brachte.

Hier könnte die theologische Reflexion dieses Gedenktages anknüpfen. Die kollektive Erinnerung an eine befreiende Tat Gottes ist ja konstitutiv für das Judentum und das Christentum, genauso aber auch das Wissen, dass sich geschenkte und erkämpfte Freiheit missbrauchen und verspielen lässt. Versagen und Schuld sind theologisch gesehen keine »unmöglichen Möglichkeiten«, die coram Deo sozusagen relativiert wären, sondern absolut mögliche Möglichkeiten. Wenn wir das Abendmahl »zur Vergebung der Sünde« empfangen, legen wir vor Gott unsere Vergebungsbedürftigkeit und damit unsere alltägliche Anfälligkeit zu versagen und schuldig zu werden, offen und vertrauen darauf, dass Gott uns gerade in unserer Zwiespältigkeit und in unserer Neigung, Versuchungen zu erliegen, akzeptiert. Sich Freiheit schenken, sich also das Gewissen entlasten zu lassen und dennoch weiterzuleben, als wäre nichts geschehen – das wäre der Weg, der immer wieder ins Verderben führt.

Das Abendmahl, den Gottesdienst mitten im Alltag feiern, sich Unrecht ans Herz gehen lassen, sich erschüttern lassen von erlittenem und zugefügtem Leid und mit einer gestärkten Empfindsamkeit für die Saaten der Gewalt und die Vergiftungen des Denkens die Alltagsarbeit bestehen – das könnte jene Nachdenklichkeit sein, die Frucht der Erinnerung ist.

Es kann dieses Mal also einmal um Alltägliches gehen, Alltägliches damals, Alltägliches heute. Um den Blick auf das, was unbemerkt geschieht oder was nicht ernst genommen wird. Um die Wahrnehmung dessen, was sich da und dort bereits in einem Maße etabliert hat, als sei es unausweichlich. Um die Ermutigung zum Widerstand. Um den Mut hinzuschauen und einzugreifen. »Inmitten der Alltagsarbeit«.

Predigtidee

Die bekannten und äußerst belastenden Ereignisse, für die Auschwitz ein schmerzendes Symbol ist, als Hintergrund für ein im Vordergrund laufendes Programm nehmen, das sich im Alltag abspielt.
Dazu das Abendmahl als ein Geschehen anbieten, das Menschen zu einer nüchternen Selbstwahrnehmung führt und ihnen Kraft zu neuem Denken und mutigem Handeln schenkt: »Unser alltägliches Brot gib uns heute!«, das heißt: Bitte schenke uns täglich die Erneuerung unseres Sinnes und unserer Liebe.

Predigtthema

Schaut hin, greift ein!

Vorschlag zur Liturgie

Votum

Wir sind zusammengekommen
im Namen Gottes. Gott führt uns aus der Gefangenschaft von Schuld und Versagen.
Im Namen Jesu Christi. Jesus schenkt uns göttliche Liebe.
Im Namen Heiliger Geistkraft. Sie führt uns neue heilvolle Wege.
Amen.

Gebet

Da sind wir, Gott,
und breiten vor dir aus, was uns beschwert:
Erinnerungen an die bedrückenden Lasten
der Vergangenheit
und die Furcht, der Ungeist jener Jahre
könnte erstarken
und wiederum Unheil über uns bringen.

Da sind wir, Gott,
und bitten dich
um einen wachsamen Blick
für das, was Menschen verblendet
und sie ihre Hoffnung
auf Gewalt setzen lässt.

Wir bitten dich
um den Mut
hinzuschauen,
wo immer Menschen beleidigt,
diffamiert
und verfolgt werden.

Stärke unsere Bereitschaft,
Menschen ins Wort zu fallen,
wenn sie anderen zu nahe treten,
und für Hilfe zu sorgen,
wenn sie wehrlose Menschen bedrohen.

Schenke uns Offenheit,
Nachdenklichkeit
und Sensibilität
für die kleinen Schritte des Unrechts
im Alltag,
die zu großen Ungerechtigkeiten
werden können.
Amen.

Psalm: Ps 5,2–13
Vor dem Lesen dieses Psalmes darauf hinweisen, dass die Gottesbezeichnung ha-Makom »der Ort« bedeutet, also Gott als den Ort und den Grund gnädiger und befreiender Gegenwart anspricht.
2 Meinem Sprechen lausche, ha-Makom,
mein Seufzen – nimm es wahr!
3 Hör doch meine Stimme, wie ich um Hilfe rufe –
mein Gott, du bist königlich! Ja, zu dir bete ich.
4 Ha-Makom, morgens hörst du meine Stimme,
morgens mache ich mich für dich bereit und halte Ausschau.
5 Ja, du bist keine Gottheit, die sich an Unrecht freut.
Böse beherbergst du nicht.
6 Törichte treten nicht unter deine Augen.
Du hasst alle, die Unheil anrichten.
7 Die Lügen reden, lässt du verloren gehen,
die morden und betrügen, verabscheut ha-Makom.
8 Und ich – weil deine Güte unermesslich ist, komme ich in dein Haus,
werfe mich nieder vor deinem heiligen Tempel, staunend über dich.
9 Ha-Makom, leite mich in deiner Gerechtigkeit
um meiner Feinde willen.
Ebne deinen Weg vor mir!
10 Ja, nichts Zuverlässiges ist in ihrem Mund. Verderben in ihrem Inneren –
ihr Schlund ein offenes Grab. Glatt machen sie ihre Zungen.
11 Lass sie büßen, Gott!
Fallen sollen sie durch ihre eigenen Machenschaften.
Weil ihre Vergehen unermesslich sind, stoß sie weg!
Ja, widerspenstig waren sie gegen dich.

12 Freuen werden sich alle, die sich in dir bergen,
jubeln werden sie durch die Zeit.
Du webst Schutz über sie, und sie sind vergnügt in dir –
alle, die deinen Namen lieben.
13 Ja, du segnest die Gerechten, ha-Makom,
umgibst sie mit Zuneigung wie mit einem Schild.

aus: Bibel in gerechter Sprache, hrsg. Von Ulrike Bail, Frank Crüsemann, Marlene Crüsemann, Erhard Domay, Jürgen Ebach, Claudia Janssen, Hanne Köhler, Helga Kuhlmann, Martin Leutzsch und Luise Schottroff. Gütersloher Verlagshaus, Gütersloh, 3. Auflage 2007

Lieder: Aus dem Gesangbuch in gerechter Sprache Nr.117 Wir beten für den Frieden; Nr.118 Selig sind, die Armut leben; Nr.123 Wo Menschen sich vergessen; Nr.125 Lass uns den Weg der Gerechtigkeit gehn; EG 263 Sonne der Gerechtigkeit; EG 295 Wohl denen, die da wandeln; vor dem Abendmahl: EG 21 Seht auf und erhebt eure Häupter

Fürbittengebet

Gott des Lebens,
wir bitten dich
für alle Menschen,
die keine Chancen mehr für sich sehen,
die ohne Arbeit und Brot sind
und kein Dach über dem Kopf haben.
Lass uns niemals zur Ruhe kommen,
wenn in unserem reichen Land
Armut und Not
Menschen zu Verzweiflungstaten treiben.

Wir bitten dich für alle Menschen,
die unter anderen Menschen zu leiden haben.
Lass uns niemals wegschauen,
wenn jemand anderen Unrecht tut.
Mache uns aufmerksam für alle Ungerechtigkeit,
die im Namen des Rechtes auftritt
und Opfer fordert.

Wir bitten dich für alle Menschen,
die im Leben nicht in der ersten Reihe sitzen.

Lass sie nicht verbittern im Pessimismus
und verhärten im Neid.

Wir bitten für die,
die im Überfluss leben,
dass sie sich denen verpflichtet wissen,
die auf all das verzichten müssen.

Hilf uns, Menschen
nach ihrem Wesen beurteilen
und nicht nach ihrem Aussehen,
ihrem Geschlecht, ihrer Rasse
oder ihrem Stand.

Uns alle lehre bedenken,
dass Liebe teilt
und sich darum sorgt,
dass alle haben, was sie brauchen.

Du bist Gott von Ewigkeit zu Ewigkeit,
du bist der Weg, der in die Weite führt,
du bist die Kraft, die Fesseln löst,
und die Macht, die das Böse bannt.
Bleibe bei uns in
inmitten unserer Alltagsarbeit,
unserem Alltagsglück,
unserer Alltagsmüdigkeit.
Richte uns auf
und behüte uns.
Amen.

Vorschlag zur Predigt

Große Enttäuschung und daraus folgend große Wut, auch Zerstörungswut, entstehen dann, wenn Menschen Erwartungen haben, die nicht erfüllt werden, oder wenn sie immer wieder erleben, dass ihnen Unrecht getan wird.
Beinahe zwangsläufig setzen Menschen ihre Hoffnungen auf den »star-

ken Mann« oder die »starke Frau«, wenn sie keine anderen Chancen mehr sehen, ihrer Situation eine Stimme zu geben. Dazu kommt die Verdrossenheit über eine Politik, die den Reichen in die Taschen wirtschaftet und die kleinen Leute dafür bluten lässt.

Der 27. Januar liegt gerade einmal etwas mehr als vier Wochen nach Weihnachten, wo die im Advent erlebten Erwartungen erfüllt werden – wenn auch ganz anders, als viele das sich vorstellten: Nicht der starke Mann trat in Erscheinung, sondern das Gotteskind. Nicht die spektakuläre Machtdemonstration war zu bewundern, als dieses Kind groß wurde, sondern der noch spektakulärere Machtverzicht.
Es liegt also nahe, Ende Januar über Erwartungen und Ausschau nachzudenken, auch darüber, wie trotz des Advents des Messias die Welt scheinbar ungerührt bei ihrer Tagesordnung bleibt. Über die Enttäuschung nachzudenken, dass das Friedensreich noch immer nicht Wirklichkeit ist. Dass Betrug, Gewalt und Unterdrückung noch immer den Lauf der Dinge bestimmen.

Predigtschritte

1
Wonach schauen wir aus? Wovon erwarten wir Hilfe und Rettung?

Das ist ein Foto, das gerade in seiner Unschärfe als erinnert erkennbar ist. Wer damals dabei war, wird das Szenario mit Aufmärschen in Verbindung bringen, die gang und gäbe waren.
Es ist eine ganz alltägliche Menschenmenge versammelt: Kinder, Erwachsene. Niemand ist im Sonntagsstaat angetreten. Einer hat sogar sein Fahrrad mitgebracht, um gleich danach wieder zur Arbeit zu radeln. Die heutige jüngere Generation wird das Bild vielleicht nicht besonders aufregend finden. Es könnte ja ein ganz harmloser Umzug erwartet werden, eine Volksbelustigung oder so: fun und action pur. In der Tat zeigt das Foto nichts, wovor sich jemand fürchten müsste. Die Uniformierten stehen ja nicht stramm da, sondern sehr relaxt: Nach einer Demonstration Andersdenkender, einem Protestmarsch, sieht die Sache nicht gerade aus.
Jedenfalls: Hier wird eine Ankunft inszeniert, eine Verheißung durchs Dorf getragen.

Es ist empfehlenswert, erst einmal spielerisch mit dem Motiv umzugehen und alle möglichen Umzüge in den Blick zu nehmen (auch Kerwe- und Karnevalsumzüge), um schließlich bei der Beobachtung zu verweilen, dass das Problematische oder gar das Grauen keinesfalls vor den Augen liegen muss, sondern gewöhnlich sogar hinter unterhaltsamen harmlosen Veranstaltungen verborgen wird.
Also: Es ist nötig, genau hinzuschauen. Wir müssen versuchen, die Sache zu durchschauen.
Welcher »Film« läuft im Hintergrund?
Diese Frage lässt sich auf der historischen wie auf analogen gegenwärtigen Ebenen beantworten.

2
»Stell dir vor, es ist Krieg, und keiner geht hin.«

Ein populärer Spruch einer aufmüpfigen Generation, der etliche Jahrzehnte alt ist, aber noch immer ein gewisses Etwas hat. Um dieses Etwas geht es. Im Januar 2006, in dem ich diesen Beitrag geschrieben habe, nimmt die Zahl der jungen Männer zu, die aus den USA nach Kanada fliehen, um nicht in den Irak-Krieg gezogen zu werden. Und sogar konservative Leute erinnern sich dabei an Vietnam und neigen dazu, diese Flucht verständlich zu finden.

Wir müssen ja nicht gleich losrennen, wenn irgendwo zum Appell geblasen wird oder irgendwann ein Mega-Event angekündigt wird.
Es schadet nicht, erst einmal einen Moment lang zu überlegen, was das denn eigentlich ist, was da gerade angesagt ist.
Es kann ja sein, dass wir als Komparsen in einem Schauerstück der Macht missbraucht werden, dass wir durch »Brot und Spiele« um unseren Verstand gebracht werden.
An dieser Stelle kann ein Blick auf Massensuggestion, überhaupt auf die Psychologie der Massen gerichtet werden, deren Phänomene bei allen Großveranstaltungen beobachtet werden können. Es gibt eine unstillbare Lust am Bad in der Menge. Um jeden Preis?

Merkwürdig, dass viele von uns sich von der Vorstellung von den Lemmingen faszinieren lassen, die angeblich dazu neigen, Massenselbstmord zu begehen. Diese Vorstellung stammt aus der Werkstatt von Walt Disney, der in dem Film *White Wilderness* (1958) einen solchen Massenselbstmord der Tiere darstellt, welcher jedoch in Wirklichkeit so nicht geschieht. Die Lemminge tun´s nicht; wir müssen nicht annehmen, dass solche Massenpsychosen (oder was immer das sein mag) sozusagen ganz natürliche Dinge sind, die alle einmal betreffen können.
Andererseits: Zu dem Bild von den besinnungslos in den Tod rennenden Lemmingen gehört auch dessen distanzierende und abwehrende Funktion. »So blöd sind wir nicht, dass wir uns wie die Lemminge verhalten!« Wie die aus dem Film, versteht sich. Wie die in der Wirklichkeit verhalten wir uns durchaus. Aber Hand aufs Herz: manchmal nicht auch wie die im Film?

Das ist der friedliche Alltag der Lemminge. Und solange genug zu fressen für alle da ist, sieht der auch so aus. Erst wenn das Futter knapp ist, sterben viele Tiere. Sie taugen also durchaus als Paradigma – aber zum Thema Ernährungsgrundlagen und nicht als Beispiel für Massenselbstmord.

3
Stell dir vor, es wird jemand vertrieben, und du gehst hin.

Der Suggestion der Medien müssen wir nicht erliegen. Wir können abschalten. Wir müssen nicht überall dabei sein und auf jeder Hochzeit tanzen. Und wenn eine Ärztekammer Darstellerinnen und Darsteller für eine Demo sucht, können wir immer noch sagen: Nein, danke, nicht mit mir. Auch nicht für ein paar Dollar mehr. Wir gehen halt nicht hin. Okay?

Im Folgenden dazu ermutigen,
- genau hinzuschauen, was geschieht,
- nachzufragen, bis eine befriedigende Antwort gegeben wird,
- sich nicht abspeisen zu lassen mit Ausflüchten,
- sich nicht blenden zu lassen vom Pathos einer Show-Ausstattung,
- nicht etwas toll zu finden, weil alle es toll finden,
- Erwartungen an der Realität zu orientieren,
- eigene Interessen im Blick zu behalten.

Hingehen, wo Interventionen nötig sind. Korruptes Spiel verderben, wo immer es möglich ist.
Nachdenklich sein inmitten der Alltagsarbeit.

Estomihi
Das Buch Jesaja 58,1–9a

Gerlinde Wnuck-Schad

Exegetisch-homiletische Skizze

Im Wesentlichen handelt es sich hier um eine prophetische Mahnrede im gottesdienstlichen Rahmen in nachexilischer Zeit. Die Einzelnen der Gemeinde vollziehen die gottgewollten Fastengebote, aber sie fasten ohne Hingabe; sie stehen »nicht mit ihrer ganzen Existenz in dem Flehen zu Gott« (C. Westermann, ATD 19, Göttingen 1981, 4. Auflage, Seite 267). So bleibt »das Volk ... indessen am Äußerlichen kleben, ohne zum Kern der Beziehung zu Gott vorzudringen. ... Sie erforschen und wünschen nur mit dem Mund, nicht aber mit dem Herzen. ... Die ›Demütigungen der Seele‹ müssten (sc. jedoch umgekehrt) den Fastenden zu einem ›Demütigen‹ (Armen, 'aní) werden lassen ...« (aus: R. Gradwohl, Bibelauslegungen aus jüdischen Quellen, Stuttgart 1995, 2. Auflage, Seite 301). Ihr Fasten bleibt letztlich ohne Ausstrahlung auf ihren Alltag. Im Gegenteil, schwere Missstände brechen hier auf; es kommt zu Streit und Zank, selbst Gewalttaten bleiben nicht aus: »Der Fasttag ist zur Schuldeneintreibung besonders geeignet. An ihm vesammeln sich nämlich viele Leute, ›und wenn einer von euch seinen Schuldner erblickt, bedrückt er ihn‹ ..., fordert er ihn zur unverzüglichen Bezahlung seiner Schuld auf. ... Was im Letzten der Verbesserung der Mensch-Gott- und Mensch-Mensch-Beziehung dienen sollte, führt zu ihrer Verschlechterung. ... So wird selbst an diesem Tag ›euer Vermögen vergrößert, und euer Herz ist nicht in Eintracht mit eurem Gott‹«. (aus: R. Gradwohl, a. a. o, Seite 302) Der Prophet erhebt Anklage. Er will den Horizont weiten für ein gottgefälliges Leben: Echtes Fasten schafft eine Atmosphäre des Mit- und Füreinanders, die allen zugutekommen muss.

Zunächst erscheint es schwer, den Gottesdienstbesucherinnen und -besu-

chern diesen Predigttext nahe zu bringen. Wie ein Kontrapunkt zu den närrisch-lustigen Tagen steht er da, als wollte er Galle in die Karnevalsfreude mischen: Den Fastnachtstagen folgen die Fastentage!
Überhaupt gerät der Sonntag Estomihi leicht in die Sogwirkung des weltlichen Triduum von Rosenmontag, Fastnachtdienstag, Aschermittwoch. Auch fliehen nicht wenige Menschen diese närrische Zeit und verbringen sie irgendwo abseits in der Stille. In der an diesem Sonntag zumeist kleinen Gottesdienstgemeinde sind auch möglicherweise einige Kindergottesdienstkinder mit Kostüm und Schminke anwesend. So soll hier der Versuch unternommen werden, beide Kasus: das Feiern und Fasten in eins zu betrachten: als Lebensäußerungen, die ihren Sinn und ihre Tiefe im Angesicht Gottes erhalten.

Predigtidee

Feiern und Fasten speisen sich aus derselben Quelle; für beides ist Hingabe wesentlich.

Predigtthema

Fasten gibt dem Leben eine soziale Ausrichtung.

Vorschlag zur Liturgie

Votum

Unser Anfang geschehe im Namen Gottes,
Quelle des Lebens,
Mensch gewordene Liebe in Jesus Christus,
gegenwärtig in der Kraft des Heiligen Geistes. Amen.

Psalm: Ps 31

Gebet zum Eingang

Gütiger Gott, hier sind wir mit unserem ganzen Leben,

manchmal voll Hingabe und strahlend in unserm Vertrauen zu dir, manchmal düster und kalt wie erloschenes Feuer.
Gib uns ein festes Herz und stärke unser Glauben, Hoffen und Lieben.
Durch Jesus Christus. Amen.

Lesung: Mk 8,31–38

Sündenbekenntnis

Barmherziger Gott,
vor dir bekennen wir:
Unser Herz ist oft kalt,
unser Mut klein,
unsere Liebe kraftlos.
Ängstlich klammern wir uns
an das, was wir haben,
statt loszulassen,
dir zu vertrauen
und der Liebe Raum zu geben
in unserem Leben.
Wir bitten dich:
Vergib uns,
was wir versäumt haben
an dir und unseren Mitmenschen.
Nimm weg von uns unsere Schuld durch Jesus Christus.
Bewege unsere Herzen,
dass wir ihm nachfolgen
auf dem Weg des Lebens.
Amen.

aus: Kirchenagende. Kirchenbuch für die Evangelische Kirche der Pfalz I, Speyer, 2006, Seite 319f.

Taizé-Liedruf

Christus, dein Licht verklärt unsere Schatten,
lasse nicht zu, dass das Dunkel zu uns spricht.
Christus, dein Licht erstrahlt auf der Erde,
und du sagst uns: Auch ihr seid das Licht.

Text und Musik: Jacques Berthier, Taizé, in: Wo wir dich loben, wachsen neue Lieder. Ein Angebot für die Gemeinden. Strube-Verlag München, 2005, Nr. 11. Rechte bei der Taizé-Communauté

Gnadenzusage

Dein Licht wird hervorbrechen wie die Morgenröte,
und deine Heilung wird schnell voranschreiten,
und deine Gerechtigkeit wird vor dir hergehen. (Jesaja 58, 8)
Was gewesen ist, soll euch nicht mehr belasten.
Was kommt, soll euch nicht schrecken.
Gottes Gnade ist eures Lebens Freude und Kraft.
Deshalb kehrt um und lebt als Kinder des Lichtes
in der Kraft Jesu Christi. Amen.

Fürbittengebet

Jesus Christus,
du hast uns Gottes Liebe gezeigt.
Du hast Gottes Liebe zu uns
durchgehalten bis zum Tod am Kreuz.
Wir bitten dich:
Wecke in uns, stärke in uns
Glaube, Hoffnung, Liebe.
Wecke in uns, stärke in uns
den Glauben an Gottes Güte und Gnade,
das Vertrauen darauf,
dass Welt und Menschen
sich wandeln können zum Guten.
Wecke in uns, stärke in uns
die Hoffnung auf Bewahrung der Schöpfung
und auf Frieden unter Menschen und Völkern.
Wecke in uns, stärke in uns
die Liebe zu dir und zu den Menschen,
die Bereitschaft, Lasten zu tragen und Verantwortung,
den Mut, zu streiten für die Wahrheit
und einzutreten für Versöhnung.
Wo Menschen sich einsetzen für andere,
wo um die Zukunft gerungen wird,
auch um die Zukunft der Kirche,
wo immer dein Wort verkündet wird,
da fehle die Liebe nicht.
Den Kranken, Sterbenden und Verlassenen

sei du nahe und erneuere ihre Hoffnung.
Uns allen stärke den Glauben in aller Anfechtung
und halte uns nahe bei dir
auf Wegen des Friedens und der Liebe.
Amen.

Aus: Kirchenagende. Kirchenbuch für die Evangelische Kirche der Pfalz I, Speyer, 2006, Seite 318f.

Segen

Gott segne dich mit Weisheit –
Gefährtin (sc. und Gefährte) Gottes seit Anbeginn der Schöpfung.

Gott segne dich mit der Leidenschaft –
mit der Jesus gelebt und geliebt hat.

Gott segne dich mit der Feuerglut des Geistes –
die die Jüngerinnen und Jünger Jesu entflammt.

Text: Martina Rupp, aus: »So seid ihr nun nicht mehr Gäste und Fremdlinge ...«, Textheft hrsg. v. der Evangelischen Landeskirche in Württemberg, 2001, Seite 38

Lieder

EG 440 All Morgen ist ganz frisch und neu; EG 612 (Regionalteil Baden, Elsass und Lothringen, Pfalz) Damit aus Fremden Freunde werden; EG 667 (Regionalteil Baden, Elsass und Lothringen, Pfalz) Selig seid ihr, wenn ihr einfach lebt; Wo Menschen sich vergessen (aus: Wo wir dich loben, wachsen neue Lieder. Ein Angebot für die Gemeinden, Strube-Verlag München, 2005, Nr. 93); Wenn das Brot, das wir teilen, als Rose blüht (aus: Wo wir dich loben, wachsen neue Lieder. Ein Angebot für die Gemeinden, Strube-Verlag München, 2005, Nr. 86)

Vorschlag zur Predigt

Möglicher Anfang

Jetzt ziehen sie wieder umher: Narren und Närrinnen. Fröhlich und ausgelassen werfen sie die Arme zum närrischen ›Helau‹ hoch. Gefeiert wird mit Hingabe und aus reiner Lebenslust.
Hingabe ist auch das Schlüsselwort, mit dem wir uns dem Predigttext an-

nähern. Er öffnet uns schon den Blick über die närrischen Tage hinaus: Der Fastnachtszeit folgt die Fastenzeit. Dem Aus-dem-Häuschen-Sein folgt der Hausputz. Kehr-zeit. Innere Ein-kehr-zeit. Dem lärmenden Festtrubel folgt die stille Zeit. Das eine geht nicht ohne das andere – gut. Und das eine wie das andere geht nicht ohne Hingabe gut.
Eine Mahnrede hält der Prophet. Anlass ist ein öffentliches Fasten in Israel. Und was Jesaja beschreibt, wirkt wie ein dunkler Kontrast zu allem farbenfrohen Treiben der Fastnacht. Jesaja sieht die Menschen aus allen Richtungen zusammenströmen. Pilger und Pilgerinnen. Sie kommen, aber erfüllen offensichtlich nur eine fromme Pflicht. Ohne Herz. Sie werfen die Arme zum Gebet zum Himmel, aber wenn sie zufällig einem ihrer Schuldner begegnen, ballen sie die Faust. Die religiösen Rituale bleiben leer und folgenlos. Dabei gilt es in Israel und überall: Wo Gott Raum in einem Menschen nimmt, wo wir feiern oder fasten, soll es mit Herzenskraft geschehen; dann wirft man sich Gott ganz in die Arme, dann vergisst man sich selbst und öffnet sich ganz dem Leben, dann sieht man von sich weg und wird des Anderen neben sich gewahr.

Zum weiteren Verlauf

- Weitere Beispiele finden für ein Tun ohne Hingabe … wo Menschen lediglich noch die Form wahren, auch ohne sich dessen bewusst zu sein … ein Kind, das äußerlich gut versorgt ist und zu essen und zu trinken hat, aber nicht in die Arme genommen wird, wenn es weint … eine Ehe, die »funktioniert«, weil und solange die Kinder noch klein sind … eine Arbeit, die korrekt erledigt wird, aber keine Freude mehr macht …

- Echtes Fasten findet zurück zur Quelle allen Lebens

- wer die Arme in den Himmel wirft, wird auch die Welt umarmen: »Wir können nur mit Gott reden, wenn wir unsere Arme, so gut wir können, um die Welt legen; das heißt, wenn wir Gottes Wahrheit und Gerechtigkeit in alles hineintragen.« (Martin Buber, in: Brennpunkt Gemeinde. Missionarische Impulse für Verkündigung und Gemeindeaufbau, Nr. 3/97, Neukirchen-Vluyn, 1997, Seite 118)

- Fasten gibt dem Leben eine soziale Ausrichtung mit dem Ziel, soziale Missstände im Kleinen und Großen auszuräumen … Es scheint so, als seien die politischen Reformen »die Fastengebote« von heute. Sie fordern Verzicht von allen, aber in ihrer Härte und Konsequenz doch von allen verschieden. Faktisch vergrößern sie den einen die Not, den anderen tun sie kaum weh. Es ist ein Zeichen mangelnder Hingabe, wenn man die einen auf Diät lässt, sich selbst aber die Diäten erhöht. Es braucht eine neue Leidenschaft für das Feiern und Fasten, damit das Schielen auf Vorteilschaft aufhört. Politische Reformen helfen, den Staatshaushalt zu sanieren. Fasten saniert das Lebenshaus, reinigt es und gibt dem (Zusammen-)Leben eine neue Richtung; niemand wird darauf schielen, sein Vermögen auf Kosten anderer zu vergrößern. Im Gegenteil: Fasten hat den Sinn, die Mitmenschlichkeit zu vermehren.

- Jesus lebt uns Hingabe für Gott und den Nächsten vor ... liebevoll nennt er Gott »Abba«, mein lieber Vater. Kein Mensch soll in Sack und Asche gehen, sondern aufrecht und aufrichtig leben vor Gott und dem Nächsten, dann verrücken sich Lebensperspektiven wie von selbst. Dabei gilt: Vor der Welt (coram mundo) ist »verrückt«, wer sich – wie Jesus – uneigennützig für das Wohl der anderen einsetzt; wer, zum Verzicht bereit, für gerechte Lebensformen kämpft, der bleibt vor der Welt ein Narr. Vor Gott (coram Deo) ist er weise: ein Narr in Christo.
- Im Mittelalter gehörte es zur närrischen Zeit, auch die sozialen und gesellschaftlichen Herrschaftsverhältnisse auf den Kopf zu stellen ... so wurde für kurze Zeit der Sklave ein Freier und der Arme gewandete sich in Kleidern der Mächtigen. Dieses ausgelassene Feiern gab ihnen den Geschmack der Freiheit, war so etwas wie ein Erproben einer gewaltfreien Revolution, wenn auch nicht nachhaltig in der Wirkung, so konnte es doch durchaus den Horizont öffnen und durchlässig machen für ein christusförmiges Leben.

Möglicher Schluss

Ausgelassen und fröhlich ziehen sie durch die Straßen: die Narren und Närrinnen. Sie kosten die Zeit bis zum Aschermittwoch noch aus. Sie genießen das Leben in vollen Zügen. Manchem von uns mag das fremd sein. Und befremdend. Zumal, wenn aus Übermut Unfug wird. Aber ein echter Narr, eine echte Närrin hat das Herz auf dem rechten Fleck. Ausgelassenes Feiern und Fröhlichsein kann wiederum den Raum öffnen zum Verzicht. Dann ist es uns mit der Hingabe ernst. Dann werfen wir uns Gott ganz in die Arme, dann nehmen wir nicht nur die eigenen Leiden, sondern die Leiden Gottes in der Welt ernst (vgl. Kontexte zu D. Bonhoeffer). Dann werden wir Narren und Närrinnen in Christo – aufrechte und aufrichtige Menschen.

Alternativer Schluss

Die Predigt mit dem Lied: EG 428 ›Komm in unsere stolze Welt‹ strophenweise verbinden.

Kontexte

Feiern und Fasten legt die Existenz der Christen auf einen Bogen. Sie werden zu Pfeilen. Sendung bereitet sich vor, Sendung findet statt, Sendung kommt zum Ziel; das Dasein schießt über sich hinaus in künftige Herrlichkeit; christliche Existenz wird zum Pfeilstoß in Gottes Zukunft hinein.
(R. Bohren, in: Brennpunkt Gemeinde. Missionarische Impulse für Verkündigung und Gemeindeaufbau, Nr. 6/98, 1998, Seite 205; gekürzte Fassung aus: R. Bohren, Lebensstil. Fasten und Feiern, Neukirchen-Vluyn, 1986)

Später erfuhr ich und ich erfahre es bis zur Stunde, daß man erst in der vollen Diesseitigkeit des Lebens glauben lernt. Wenn man völlig darauf verzichtet hat, aus sich selbst etwas zu machen – sei es einen Heiligen oder einen bekehrten Sünder oder einen Kirchenmann ..., einen Gerechten oder einen Ungerechten, einen Kranken oder einen Gesunden – und dies nenne ich Diesseitigkeit, nämlich in der Fülle der Aufgaben, Fragen, Erfolge und Mißerfolge, Erfahrungen und Ratlosigkeiten leben, – dann wirft man sich Gott ganz in die Arme, dann nimmt man nicht mehr die eigenen Leiden, sondern die Leiden Gottes in der Welt ernst, dann wacht man mit Christus in Gethsemane, und ich denke, das ist Glaube, das ist Metanoia; und so wird man ein Mensch, ein Christ.
(D. Bonhoeffer, 21. 7. 1944, Brief an Eberhard Bethge, in: Widerstand und Ergebung, Gütersloher Verlagshaus in der Verlagsgruppe Random House GmbH, Gütersloh)

Askese wird meistens mit Entäußerung und Ichlosigkeit zusammengebracht. Aber die gewollte, bejahte, aufgesuchte Begrenzung hat ebenso mit Lebensgenuss zu tun, mit der mystischen Freude. Das sein Ich vergessende Selbst taucht ein in das All; es wird fähig, von sich abzusehen, und das bedeutet auch, sich zu öffnen. Aus sich selbst herausgehen bedeutet, staunen zu können. Wenn ich ein Kind sehe, das einen Hund mit überwältigter Freude wahrnimmt, dann befrage ich das Leben nicht mehr. Ich tauche ein ins Staunen. Ich höre das Singen des Kindes, ich sehe am klaren Frühlingshimmel einen Zug Kraniche nach Norden fliegen; all das gehört zur Askese im Sinne des Ichlos-Werdens. Die Dinge selber haben einen Gesang und eine Sprache, sie weisen über sich hinaus und loben Gott in seinen versteckten Namen. Das ichlos gewordene Ich sieht im Staunen, dass im Leben ein Stück Güte liegt. Schönheit heilt und Schönheit macht fromm. Und um sie wahrzunehmen, muss ich das Ego fortschicken, muss ich mit Claude Monets Augen zu sehen lernen.
(Dorothee Sölle, dies., Mystik und Widerstand. Copyright © 1997 by Hoffmann und Campe Verlag, Hamburg)

Daran entscheidet sich heute Gewaltiges, ob wir Christen genug Kraft haben, der Welt zu bezeugen, daß wir keine Träumer und Wolkenwandler sind. Daß wir nicht die Dinge kommen und gehen lassen, wie sie nun einmal sind. Daß unser Glauben wirklich nicht das Opium ist, das uns zufrieden sein läßt inmitten einer ungerechten Welt. Sondern daß wir gerade, weil wir trachten nach dem, was droben ist, umso hartnäckiger und zielbewußter protestieren auf dieser Erde. Protestieren mit Worten und Taten.
(Dietrich Bonhoeffer, aus: ders., Widerstand und Ergebung. Gütersloher Verlagshaus in der Verlagsgruppe Random House GmbH, Gütersloh)

Invokavit
Der Brief des Jakobus 1,12–18

Matthias Kreplin

Ein Text gegen den Zeitgeist! Während uns die Werbung zu einer zarten Versuchung nach der anderen verlocken will und wir in einer spaß- und lustorientierten Gesellschaft leben, hier die Aufforderung, nicht den Versuchungen und Begierden nachzugeben.

Exegetisch-homiletische Skizze

Der Abschnitt Jak 1,12–18 nimmt das in 1,2 schon angeklungene Thema Anfechtung bzw. Versuchung (für beides griechisch: *peirasmos*) auf und entfaltet es. Der Jakobusbrief teilt dabei die biblische und altkirchliche Ansicht, dass der Mensch erst durch Versuchung und Anfechtung hindurch zum wahren Menschsein gelangen kann (vgl. Jak 1,2–4.12 mit 1 Petr 1,6f.; Röm 5,3; Tit 2,11–13 und dem bei Tertullian (De bat. 20) als Herrenwort überlieferten Logion: Niemand kann das Himmelreich erlangen, der nicht durch Versuchung ging). Hier zeigt sich ein Menschenbild, das vielen gegenwärtigen Lebensentwürfen widerspricht: Wir finden nicht das Glück, indem wir das Leben genießen, sondern indem wir uns gerade mit unangenehmen Dingen auseinandersetzen und uns dadurch weiterentwickeln zu reiferen und freieren Menschen. Gerade die Unzeitgemäßheit des Jakobus-Briefes könnte der Predigt das Thema vorgeben: Der Weg zum wahren Leben führt durch Versuchung und Anfechtung hindurch. Dann braucht es eine genauere Beschäftigung mit diesen Phänomenen.

Anfechtungen und Versuchungen wollen uns Menschen vom als richtig Erkannten abbringen. Während der Begriff »Anfechtung« eher an einen von außen auf den Menschen einwirkenden Druck denken lässt (Not, Bedrohung, Verfolgung), knüpft eine »Versuchung« an im Menschen liegende Bedürfnisse und Wünsche an. Der griechische Begriff *peirasmos* steht für beides und betont zugleich das Moment des Prüfens, Erprobens

und Bewährens, das Situationen der Anfechtung und der Versuchungen in sich bergen. Ein Mensch, der sich in Prüfungen bewährt hat, ist gereift, denn er kann auf Erfahrungen zurückblicken, die Kraft und Selbstvertrauen verleihen, weiß zugleich aber auch um seine eigenen Grenzen.
Die biblische Überlieferung kennt drei ineinander übergehende Grundtypen der Versuchung und Anfechtung: So können erstens schwierige Erfahrungen Zweifel an der Güte und Treue Gottes heraufbeschwören und das Vertrauen zu Gott erschüttern. Zweitens können Benachteiligungen und Verfolgungen durch die Umwelt nahe legen, den Glauben oder die Zugehörigkeit zur christlichen Gemeinde zu verleugnen. Und schließlich können drittens Begierden und Wünsche den Menschen dazu treiben, sich über klare moralische Grundsätze hinwegzusetzen und dadurch dem Glauben an Gott zu widersprechen. Alle drei Aspekte mögen in diesem Abschnitt anklingen (Zweifel: vgl. 1,2f. – Anfeindung von außen: vgl. den Adressaten »Stämme in der Zerstreuung« 1,1), jedoch dürfte der letzte Aspekt im Mittelpunkt stehen (vgl. 1,14f. und die durchgehende Forderung nach moralisch richtigem Verhalten im ganzen Brief).
Was erfahren wir in Jak 1,12–18 über das Phänomen Versuchung und Anfechtung noch?
Versuchungen und Anfechtungen gehören zum Leben – auch eines Christenmenschen. Es ist keine Katastrophe, wenn wir Zweifel haben oder in Gefahr stehen, unseren Grundsätzen oder dem Glauben untreu zu werden. Man kann ihnen sogar Positives abgewinnen (1,2).
Versuchungen üben einen Reiz auf uns aus, sie verlocken uns zu etwas. Sie versprechen auf einem einfachen Weg Glück und wahres Leben, können dieses Versprechen am Ende aber nicht halten, sondern zerstören vielmehr Glück und Leben (1,15).
Versuchungen und Anfechtungen machen aus Menschen Getriebene, die nicht mehr eigenverantwortliche Subjekte ihres Lebens sind. Wo den Begierden nachgegeben wird, kommt ein eigendynamischer Prozess in Gang, der in den Abgrund führt (1,15).
Versuchungen stiften Verwirrung (vgl. auch das Sonntagsevangelium Mt 4,1–11) – Deshalb auch die Aufforderung »Irrt euch nicht, liebe Brüder!« (in 1,16). Sie stiften Verwirrung, indem sie vorher als richtig erkannte Grundsätze relativieren und in Frage stellen (vgl. Gen 3,1: »Sollte Gott gesagt haben…?«) und indem sie den schnellen Weg zum Glück als den Weg Gottes anpreisen und dafür – wenn nötig – sogar manche biblische

Belegstelle finden (vgl. Mt 4,6). Verwirrung stiften sie schließlich dadurch, dass sie sich selbst als von Gott verursacht darstellen und damit die menschliche Widerstandskraft lähmen. Deshalb auch die schroffe Zurückweisung dieses Gedankens in 1,13–17.

Versuchungen knüpfen an ein Defizit von uns an, sie reizen und locken uns mit unseren (heimlichen) Wünschen (1,14). Jeder Mensch hat dabei seine ganz eigenen Versuchungen, die sich von denen anderer fundamental unterscheiden können. Deshalb haben Versuchungen auch eine besondere Bedeutung: Sie führen uns zur Selbsterkenntnis, indem sie deutlich machen, wo etwas in uns unerlöst und unerfüllt ist.

Was bietet der Jakobus-Brief auf, um in Versuchungen und Anfechtungen standzuhalten?

Zunächst widersteht er der Gefahr, Versuchungen und Anfechtungen durch Machtworte und einfache moralische Verurteilungen zu begegnen. Auch unsere Predigt sollte dieser Gefahr widerstehen, sondern in der Solidarität der Versuchten und Angefochtenen gehalten werden. Stattdessen hilft Aufklärung über das Phänomen weiter und der Versuch, die gestifteten Verwirrungen zu klären und die versucherischen Stimmen ihrer Falschheit zu überführen (so auch Mt 4,1–11). Aus diesem Grund wird in 1,13–17 der Nachweis versucht, dass Versuchungen nicht von Gott kommen können. Der Jakobus-Brief gerät dabei in Widerspruch zu mancher biblischen Tradition. Weiß doch gerade das Alte Testament davon, dass Gott Menschen durchaus in Versuchung führt und so Glaube und Gottvertrauen auf die Probe stellt (vgl. Gen 22; Ex.20,20). Auch die Vaterunser-Bitte »Führe uns nicht in Versuchung« steht in dieser Linie. Allerdings wird im Laufe der Zeit nicht mehr Gott selbst, sondern der Satan als Urheber der Versuchung verstanden (Hiob, Mt 4,1–11par) oder passiv von Versuchungen geredet, ohne einen Verursacher anzugeben (z. B. Mk 14,38parr; 1 Kor 10,13). Der Jakobus-Brief steht hier also am Ende einer Entwicklung, die (auch auf die Gefahr eines dualistischen Gottesbildes hin) Gott selbst von allen Anteilen des Bösen frei halten will (1,13; 1,17).

Zum Zweiten versucht der Jakobus-Brief die Widerstandskraft durch den Blick auf das Ziel menschlichen Lebens zu stärken: Unsere Bestimmung ist es, als aus dem Wort der Wahrheit Geborene die Krone des Lebens zu empfangen (1,12) und Erstlinge seiner (erlösten) Geschöpfe zu sein (1,18). Unsere Bestimmung ist es also, Freie und Erlöste zu sein. Der Ausblick auf das Ziel wirft die Frage auf: Wollt ihr wirklich solche Menschen sein, die den Versuchungen und Anfechtungen erliegen? Dadurch werden Menschen auf ihre Freiheit und Verantwortung hin angesprochen und als aktiv ihr Leben Gestaltende verstanden.

Predigtidee

Die Impulse des Jakobus-Briefes auf einige exemplarische Fälle anwenden und dadurch konkret Lebenshilfe bieten.

Predigtthema

Die Bewährung in Versuchungen und Anfechtungen als Weg zu einem reiferen, freieren und erlösteren Leben.

Vorschlag zur Liturgie

Psalm: ausgewählte Verse aus Ps 31 oder Ps 73

Lesung: Mt 4,1–11 (Versuchungsgeschichte Jesu)

Lieder

EG 275 In dich hab ich gehoffet, Herr
EG 299 Aus tiefer Not schrei ich zu dir
EG 343 Ich ruf zu dir, Herr Jesu Christ
EG 390,1–3 Erneure mich, o ewigs Licht
EG 488 Bleib bei mir, Herr, der Abend bricht herein
EG 637 (Regionalteil Baden, Pfalz, Elsass) Gott ist getreu

Gebet nach der Predigt

Gott, du kennst mich. Du weißt, wie anfechtbar ich bin, wie leicht ich abkomme von dem, was ich als richtig erkenne. Deshalb rufe ich zu dir und bitte dich um deine Hilfe:
In Augenblicken des Zorns, in denen ich anderen nur noch wehtun möchte, in denen mir nichts mehr heilig ist, in denen mein Schmerz laut

in mir schreit – verlass mich nicht, Gott, und führe mich auf den Weg des Friedens.
In Momenten der Versuchung, in denen viele Stimmen in mir toben, mich verlocken wollen und mich verwirren, in denen Reizendes zum Greifen nahe liegt und das Richtige so schwer erscheint – verlass mich nicht, Gott, und führe mich zur Standhaftigkeit.
In Stunden der Anfechtung, wenn andere mich unter Druck setzen und mich betören wollen, wenn sie mir zureden und mich verführen wollen, das Falsche zu tun – verlass mich nicht, Gott, und führe mich dazu, dem Rechten treu zu bleiben.
In Tagen des Zweifels, in denen alle Klarheit verloren geht, in denen alle Gewissheiten schwinden, in denen ich an dir zweifle – verlass mich nicht, Gott, und führe mich zurück auf den Weg des Glaubens.
In Zeiten der Niedergeschlagenheit, in denen Trübsinn und Schwermut mich plagen, in denen ich nur noch das Schlechte sehe und den Lebensmut verliere – verlass mich nicht, Gott, und führe mich heraus aus dem finsteren Tal.
In Situationen des Scheiterns, in denen ich der Versuchung erlegen bin, in denen mein schlechtes Gewissen mich plagt und die Konsequenzen meines Tuns auf mich zurückfallen – verlass mich nicht, Gott, und führe mich zur Umkehr und zum Neuanfang.

Vorschlag zur Predigt

Möglicher Anfang

Situationen der Versuchung

Liebe Gemeinde, finden Sie sich in einer der folgenden Situationen wieder?
Christian sitzt am Schreibtisch. Er sollte eigentlich für die Englisch-Arbeit lernen. Nächste Woche wird sie geschrieben und Christian hat dafür noch einige Seiten Vokabeln zu lernen. Aber vor ihm liegt die Schachtel mit dem neuen Computer-Spiel. Christian ist hin und her gerissen. Er weiß: Ich sollte eigentlich Englisch lernen. Aber das kann ich auch noch später machen. Ich brauche ja nicht gleich richtig zu spielen, sondern will nur mal so schauen, wie das Spiel funktioniert...
Herbert ist Mitglied des Ältestenkreises. Er ist beruflich über und über

mit Arbeit eingedeckt und weiß gar nicht, wie er alles bewältigen soll. Seine Frau beklagt sich ständig bei ihm, dass er keine Zeit für die Familie habe. In der Ältestenkreissitzung erzählt der Pfarrer von einem neuen großartigen Projekt und sucht noch Mitarbeitende. Herbert ringt mit sich. Es würde ihn so reizen, daran mitzuwirken...

Seit ihr Mann vor zwei Jahren gestorben ist, lebt Helga allein. Sie ist Rentnerin, aber noch durchaus rüstig. Aber sie fühlt sich oft einsam. Ihre Tochter redet ihr immer wieder zu, dass sie doch ins Stadtteilzentrum gehen soll, wo sie andere treffen könnte. Aber Helga fällt der erste Schritt auf andere zu schwer. So bleibt sie lieber zu Hause. Als sie allein in ihrem so stillen Wohnzimmer sitzt, fällt ihr auf, dass die Gardinen doch schon lange nicht mehr gewaschen wurden. Das ist ein guter Grund, ihre Tochter anzurufen. Klar, die hat sich jetzt mit den Kindern und ihren Hausaufgaben zu beschäftigen. Aber für ihre alte Mutter sollte sie doch Zeit haben...

Drei Situationen, in denen Menschen in Versuchung geraten. Sicher nicht Versuchungen, die wir alle als die unseren kennen. Jeder hat ja so seine eigenen Versuchungen. Aber Ihnen fallen wahrscheinlich andere ein. Wie mit solchen Versuchungen zurechtkommen? Hören wir dazu auf den heutigen Predigttext aus dem Jakobus-Brief.

Textlesung.

Zum weiteren Verlauf

Aufgreifen von Impulsen aus dem Text zum Thema Versuchung. Dies jeweils an den eingangs genannten Beispielen verdeutlichen.

Warum lohnt es sich, Versuchungen Widerstand zu leisten? – Menschen reifen und bewähren sich (1,12); Versuchungen als Weg zur Selbsterkenntnis, die dann an der Wurzel der Versuchung ansetzen kann. Ziel: ein erlösterer, freierer und reiferer Mensch werden (1,18).

Warum geraten wir in Versuchung? – Versuchungen knüpfen an (heimliche) Wünsche in uns an und bieten uns Wege aus mühsamen und defizitären Situationen (1,14).

Wie wirken Versuchungen auf uns ein? – Versuchungen stiften Verwirrung, indem sie unsere Grundsätze und Vorsätze relativieren. – Versuchungen versprechen uns (kurzfristigen) Lustgewinn, verursachen aber längerfristig Schaden und Krisen (1,15).

Wie sich verhalten in Versuchungen? – Die Einflüsterungen der Versuchungen durchschauen. Im Text wird reflektiert: Versuchung kommt von Gott (1,13–17). – Das Ziel vor Augen stellen.

Möglicher Schluss

Liebe Gemeinde, Versuchungen machen uns Mühe. Aber sie können uns weiter führen. Dazu müssen wir allerdings akzeptieren, dass unser Leben ein Kampf ist. Nicht ein Kampf um Geld, Position, Anerkennung und Erfolg. Nicht nur ein Kampf um die vielen Dinge, die uns Glück versprechen. Sondern ein Kampf mit den Versuchungen in uns und den Defiziten und heimlichen Wünschen, auf die sie uns hinweisen. Denn durch solche Kämpfe werden wir zu Menschen, die erlöster und freier sind, in denen sich Gottes Güte und Freundlichkeit deutlicher spiegelt und die darum auch glücklicher und zufriedener sind. Weil die Kämpfe mit den Versuchungen und Anfechtungen uns stark machen können, beginnt der Jakobus-Brief mit einem seltsamen Einstieg. Dort heißt es: »Meine lieben Brüder (und Schwestern), erachtet es für lauter Freude, wenn ihr in mancherlei Anfechtung fallt« (1,2). Sollten wir da nicht offensiver den Versuchungen entgegentreten?

Kontexte

Süße, bequeme versuchungen – schon beim wachwerden lauern sie, wie von geisterhand produzieren sie fortwährend brüder und schwestern. immer diese süßen handlungsalternativen und bequemen auswege, obwohl sie sich oft bei näherer Betrachtung als eher saures erlebnis entpuppen, ist der reiz, sich ihnen hinzugeben groß, – unerwartet, aber beharrlich winken sie mir zu, mehr geld, mehr muße, mehr macht, weniger abhängigkeit oder aber auch eine kurze fluchtmöglichkeit aus dem täglichen einerlei ist ihr versprechen, – soll ich oder nicht, kann ich, darf ich? ach, doch nur das eine mal, etwas muss man sich ja mal gönnen oder es merkt es ja niemand, sind immerwiederkehrende gedanken, außerdem machen die anderen ja noch viel schlimmere dinge! – umso mehr ich die süßen versuchungen verdränge, desto öfters, desto penetranter winken sie mir zu, was kann ich tun? wer kann mir helfen? ich mir vielleicht selber? – hat nicht oscar wilde gesagt, dass die einzige möglichkeit, eine versuchung loszuwerden ist, sich ihr hinzugeben?
(Anonym im Internet).

Verbotene Früchte schmecken am besten. (Ovid)

Anfechtungen sind Umarmungen Gottes.
(Martin Luther – auch als Zwischentext in manchen EG-Ausgaben vor EG 299)

So haben wir einen doppelten Trost: Weil Christus unser Bruder ist, sind wir nicht einsam in unserer Versuchung. Er leidet sie mit uns in alle Tiefen hinein, die der Satan ersonnen hat.
(Helmut Thielicke)

»Manch einer, der vor der Versuchung flieht, hofft doch heimlich, dass sie ihn einholt.«
(Giovanni Guareschi)

Einleitungsteil mit Kinden
Invokavit

Oliver Böß

Leitmotiv: Versuchung und Bewährung

Psalm

Gott, ich bin ich, du liebst mich, wie ich bin.
Ich möchte so gerne alles richtig machen,
damit ich stolz auf mich sein kann
und damit du stolz auf mich bist.
Ich möchte freundlich und nett zu den anderen sein.
Das klappt aber nicht immer.
Gott, ich bin ich, du liebst mich, wie ich bin.
Manchmal überfallen mich keine guten Gedanken,
dann bin ich neidisch auf andere
oder weiß alles besser.
Dann merke ich, dass das nicht gut ist,
und möchte mich bei dir entschuldigen.
Gott, ich bin ich, du liebst mich, wie ich bin.
Auch gibt es Momente,
da verleite ich andere zu Sachen,
die nicht richtig sind.
Später bereue ich das.
Du verstehst mich.
Gott, ich bin ich, du liebst mich, wie ich bin. Danke!

Lesung: Gen 3,1–19 erzählt aus der Sicht der Schlange

Ich, die Schlange, bin das klügste Tier, das Gott gemacht hat. So steht es in der Bibel, und darauf bin ich ganz schön stolz. Die Menschen sagen mir leider noch etwas anderes nach, nämlich, dass ich hinterlistig sei. So höre ich sie manchmal sagen: »Der ist falsch wie eine Schlange!« Das geht auf eine Geschichte zurück, die auch in der Bibel steht. Damals lebten die Menschen noch im Paradies. Gott nannte sie Adam und Eva. Die durften alles in diesem schönen Paradiesgarten essen; das heißt: stimmt nicht, zwei Bäume gab's in der Mitte des Gartens, zu denen war der Zugang verboten. Der eine Baum hatte Früchte, die schenken Leben, das niemals aufhört. Und die Früchte des anderen Baumes, die machen einen schlau und weise: Man kann sich damit ein Wissen anessen und ist damit nicht mehr so abhängig von Gott.

Dann wusste man nämlich, was gut und was böse ist. Davon durften Adam und Eva auf keinen Fall essen, sagte Gott! Da hab' ich, die Schlange, mir gedacht: Na, woll'n doch mal seh'n, ob die Gott gehorchen! Ich krieg' die bestimmt dazu, doch von dem Baum zu essen. Ich weiß, das war nicht richtig von mir, aber ich wollte die Menschen so gern dazu verführen, etwas Verbotenes zu tun. Zuerst wollten sie nicht auf mich hören. Aber als ich ihnen versichert habe, dass so eine verbotene Frucht keinen umbringt, und vor allem als ich ihnen den Mund wässrig gemacht habe, weil sie dann so wie Gott sein würden, wenn sie davon essen – so hab' ich's ihnen weisgemacht –, da haben beide, Mann und Frau, in die verbotenen Früchte hineingebissen. Und dann haben sie gemerkt, dass ich sie betrogen habe. Und sie haben plötzlich erkannt, dass sie nackt waren und haben sich geschämt. Daraufhin sind wir alle bestraft worden: Adam und Eva mussten den Garten verlassen, ich muss seitdem auf dem Boden herumkriechen, und die Menschen behandeln uns Schlangen wie Feinde. Trotzdem liebt Gott die Menschen immer noch, er ist sogar richtig vernarrt in sie. Gott liebt seine Welt, die Menschen, die Pflanzen und die Tiere – auch uns Schlangen.

Lied: Meine engen Grenzen (z. B. im Schwerter Liederbuch »Singt dem Herrn« Nr.14); dazu evtl. die Strophe:
Meine großen Fehler, innen tief in mir, bringe ich zu dir: Wandle sie in Segen, Herr, erbarme dich! Wandle sie in Segen, Herr, erbarme dich!

Besondere Aktion

Eine mit Wasser gefüllte Flasche wird durch die Reihen gegeben; in der Flasche befindet sich ein Flaschenteufel aus Glas; bei Daumendruck auf den Flaschendeckel taucht der Teufel unter, lässt der Druck nach, kommt er wieder nach oben (zu beziehen z. B. bei: Windbruch Verlag, www.flaschentaucher.de). Transfer: Das kleine Teufelchen in uns geht auch nur unter, wenn wir den Daumen drauf halten; aber irgendwann müssen wir entkräftet wieder loslassen, und das Teufelchen gewinnt wieder Oberwasser. Gott weiß aber um unser Bemühen und hält zu uns – trotz unserer »Fehler-Teufel«!

Reminiscere
Brief an die hebräischen Gemeinden 11,1-3.8-10

Stefan Claaß

Exegetisch-homiletische Skizze

Nur wegen einiger Verse am Ende wurde diese Schrift als Brief bezeichnet und später mit der Überschrift »An die Hebräer« versehen. Eigentlich handelt es sich hier um einen »logos paraklesos« (13,22), eine gelehrte theologische Abhandlung aus der zweiten Generation der Christengemeinde und für sie. Diese Gemeinde gleicht dem Volk Israel auf der Wüstenwanderung (3,7ff.), »sie ist enttäuscht darüber, dass der Weg ins verheißene Land so lang und mühsam wird. Die Gemeinde ist darüber befremdet, dass die ihr verheißene Herrlichkeitsoffenbarung nicht sichtbar in Erscheinung tritt... Dieses Befremden hat eine für die zweite Generation typische Wirkung. Die Christen erschlaffen im Bemühen um ein Leben aus Glauben (2,13; 12,4) und passen sich wieder dem welthaften Leben an (13,13 f.).« (Leonhard Goppelt, Theologie des Neuen Testaments, Göttingen 1981, S.574.)
In solcher Situation ist es notwendig, Blicke zurück zu werfen (Woher kommen wir?) und Blicke voraus (Wohin gehen wir?).
Halten wir bei Kapitel 11 inne, so schauen wir zurück auf eine »Neuauslegung des kirchlichen Christusbekenntnisses in kultischen Kategorien« (Roloff, Einführung in das NT, Stuttgart 1995, S.229). Präexistenz, Erniedrigung, Erhöhung: Jesus Christus ist eingesetzt in das Amt des himmlischen Hohenpriesters, mit seinem Tod am Kreuz ist das Ende aller sonstigen Opfer gekommen. Kapitel 11 erzählt von der »Wolke der Zeugen«, zusammengefaßt in 12, 1–2: »... lasst uns laufen mit Geduld in dem Kampf, der uns bestimmt ist, und aufsehen zu Jesus, dem Anfänger und Vollender des Glaubens ...«.

Wir sind eingebettet in die Wolke der Zeugen, sehen die Zusammenhänge oft eher nebulös als klar, und dennoch stehen wir mit unseren Füßen auf festem Grund.

Reminiscere, gedenke, dass du dich auf die berufen kannst, die vor uns waren. Gedenke aber auch, dass du nicht die Krone der Schöpfung und Vollenderin oder Vollender des Glaubens bist – du steckst irgendwo mittendrin auf dieser Wanderschaft.

Aus dem ganzen heiligen Panoptikum sind heute Abraham und Sara herausgehoben und uns vor Augen gestellt.

Das Abraham-Modell: Durch den Glauben gehorsam, bleibt er zeitlebens ein Wanderer, Fremdling, Zeltbewohner. Die feste Stadt baut Gott, nicht Abraham.

Die Pointe liegt auf der Beziehungsebene: Abraham gehorcht und findet die Verlässlichkeit seines Lebens nicht an Orten und nicht in Besitztümern, sondern allein in Gott.

Ich entscheide mich dafür, Vers 11 hinzuzunehmen: die drei betonten »pistei« in den Versen 8, 9 und 11 gehören zusammen, und ohne Sara ist Abraham unvollständig.

Das Sara-Modell: Sie bringt Nachkommen ins Leben, weil sie Gott mehr vertraut als ihrem Körper und menschlicher Erfahrung. Auch hier passiert das Entscheidende auf der Beziehungsebene.

Beides erinnert an die Auslegung Martin Luthers zum 1. Artikel des Credo im Großen Katechismus: Woran du dein Herz hängst, das ist dein Gott.

Eine solche Schau in die Ahnengalerie des Glaubens kann in der Gemeinde ähnliche Gefühle auslösen wie beim Betrachten des familiären Fotoalbums: ein bisschen nostalgisch, ein bisschen amüsiert. Was die damals für steife Kragen anhatten, wie förmlich sie in die Kamera blicken! Ein ganz anderes Leben als heute. Andere Assoziationen: In Italien hat eine Frau mit Anfang sechzig noch ein Kind geboren. Noch ein bißchen medizinischen Fortschritt und wir schaffen es auch, bis in Saras Altersregionen vorzustoßen.

Schöne Geschichten sind das mit Abraham und Sara, aber fremd.

Ich möchte zum Einstieg gerade die Fremdheit nutzen und ein völlig uncooles Wort polieren und betrachten: Gehorsam. Schreckliche Verbindungen stellen sich ein: Kadaver- und andere furchtbare Formen desselben. Weil dieses Wort so fremd und unbenutzt ist, kann man es ja mal wieder hervorholen. »Horchen« ist eben gar kein passives Entgegennehmen und gedankenloses Folgen. Horchen ist ein äußerst aktives Geschehen. Horchen bemüht sich um umfassende Wahrnehmung und um Unterscheidung der Quellen. Wer horcht, findet heraus, woher Botschaften kommen und ist der Kakophonie der Umgebung eben nicht unkritisch ausgeliefert!

Im zweiten Teil will ich das Sara-Modell betrachten. Wir sind Sara. Als Kirche hochbetagt, aber noch lebendig, wenn auch mit gemäßigten Hoffnungen und Erwartungen. Nachkommen in unserem Alter? Es fällt schwer sich vorzustellen, dass aus unserem eher behäbigen Tanker mal wieder ein junges dynamisches Schnellboot werden könnte. Wir brauchen das Sara-Modell: damit wir unser Vertrauen nicht auf unsere Körper(schaft) setzen, sondern darauf, dass Gott seine Versprechen hält.

Predigtidee

Idole des Glaubens: Abraham und Sara stehen für Gehorchen und Gebären.

Wir schauen in die Ahnengalerie und auf die Zukunftsbilder des Glaubens.

Predigtthema

Empfangen und weitergeben, gehorchen und vertrauen.

Vorschlag zur Liturgie

Psalm: Ps 63 (EG 729 Hessen-Nassau)

Kyrie

Wir sind auf der Suche nach neuem Leben, Gott.
Aber noch können wir deinem Wort nicht wirklich zuhören.
Wir müssen dich bitten wegzuräumen,
was zwischen uns steht.

Viele Momente der vergangenen Woche haben wir ohne dich gelebt, manche Entscheidungen haben wir ohne dich oder sogar gegen dich getroffen.
Wir haben Überflüssiges geredet
und positive Worte nicht ausgesprochen.
Nimm all das von unserer Seele, Gott,
mach uns frei für einen neuen Anfang.
Wir bitten dich um dein Erbarmen.

Gnadenzuspruch

Der Herr erlöst das Leben seiner Leute, und alle, die auf ihn trauen, werden frei von Schuld. (Ps 34,23)

Eingangsgebet

Jetzt und hier erhofft jede etwas und jeder erwartet etwas anderes. Du, Gott, kennst alle unsere Träume und auch alle unsere Enttäuschungen.
Gib du dich nun in jedes Herz hinein,
lass uns bei dir heute Morgen neues Leben finden und hilf uns, dir tiefer und fruchtbarer zu vertrauen.

Lesungen

AT: Gen 17,1–8
Evangelium: Joh 8,30–36

Fürbittengebet

Trocken und hart ist manchen von uns der Glaube geworden. Wo ist die Frische des Anfangs, die Aufbruchstimmung, die helle Freude an der Gemeinschaft mit dir?
Aus deiner Quelle, Gott, erfrische und belebe unseren Glauben.
Alle: Höre, höre uns, Gott, wir bitten dich! (EG 565 Hessen-Nassau)
Vage und nebulös bleibt etlichen Menschen, was sie hoffen können. Dass alles bleibt, wie es ist? Dass die Gesundheit weiter mitmacht und wir noch ein paar gute Jahre haben? Das soll alles sein?
Schenk du uns ein scharfes Gehör und wachen Blick für das, worauf wir hoffen und worauf wir uns verlassen können.
Alle: Höre, höre uns, Gott, wir bitten dich!
Bewahre uns davor, dass wir unseren Glauben als Privatangelegenheit

behandeln. Hilf uns, all unsere Fragen, unser Hören und Suchen miteinander zu teilen. Und schenk all deinen Leuten in all deinen Gemeinden Ausstrahlung, Gott: dass andere uns deine Freundlichkeit ansehen.
Alle: Höre, höre uns, Gott, wir bitten dich!
Wo Hoffnung klein wird und Zukunft dunkel, da, Gott, lass dich sehen: wenn Arbeitsplätze verlagert werden, Kinder nichts mehr von ihren Eltern wissen wollen, wo Schmerzen nicht mehr schwinden und wir uns nicht mehr auf das Morgen freuen.
Alle: Höre, höre uns, Gott, wir bitten dich!
Für alle, denen es gut geht, die munter durchs Leben schreiten, Gott, bitten wir dich: sie sind hoch gefährdet, sich selbst alles zuzuschreiben, ihren Lebensstandard für selbstverständlich zu halten. Für alle Besitzstandswahrer, Wohlfühlwünscherinnen, für alle Weitermacher und für alle Garantiedenkerinnen bitten wir dich: lass sie aufwachen und entdecken, was du jeden Tag von Neuem schenkst!
Alle: Höre, höre uns, Gott, wir bitten dich!

Lieder

EG 253 Ich glaube, dass die Heiligen; EG 395 Vertraut den neuen Wegen; EG 640 (Hessen-Nassau) Lass uns den Weg der Gerechtigkeit gehen; Bei dir, Herr, ist die Quelle des Lebens; Bonum est confidere in Domino (Taizé); Ich traue Gott, was soll ich sorgen (T: Jörg Zink, Mel EG 266); Vertrauen wagen dürfen wir getrost (Fritz Baltruweit).

Vorschlag zur Predigt

Möglicher Anfang

Vertraut den neuen Wegen, auf die der Herr uns weist, weil Leben heißt: sich regen, weil Leben wandern heißt... Das Lied 395 aus dem Gesangbuch wird gern gesungen.
Glauben wir das auch, was wir da singen? Tun wir´s: Wandern? Als Kirche?
Vor zwei Jahren, 2006, hat die Evangelische Kirche in Deutschland ein Impulspapier veröffentlicht: »Kirche der Freiheit«. Was ist aus dem Impuls geworden? Wo treffen wir auf Aufbruchsstimmung? Die andere Seite kennen wir auch, symptomatisch vielleicht in der Umbenennung

einer Kirchzeitung. Früher hieß sie: Der Weg. Heute: Standpunkte. Um das Wandern geht es auch in unserem heutigen Predigttext. Um Abraham und Sara, Vorbilder aller Auswanderer. Überhaupt verdankt sich das klassische Bild vom wandernden Gottesvolk ganz wesentlich dem Hebräerbrief. Lasst uns hineinhören ins 11. Kapitel:
Textlesung

Zum weiteren Verlauf

In diesem Schreiben an die Christen der zweiten Generation ist Wandern keine Freizeitbeschäftigung. Es geht um unseren gemeinsamen Lebensweg als Gemeinde. Die erste Frage lautet: Bewegen wir uns überhaupt noch? Kommen wir als Kirche noch voran? Oder rasten und rosten wir vor uns hin? Wollen wir, dass in der Gemeinde alles so bleibt, wie es ist oder einmal war? Oder lassen wir uns locken von einem Ziel – die intensive Gemeinschaft mit Gott so zu erleben, wie wir es bisher noch gar nicht kennen?
Woran sollen wir uns dabei orientieren?
Die hebräische Predigt an die Gemeinde, aus der wir eben gehört haben, zählt eine ganze Reihe von Vorbildern auf, an die wir uns halten können. Heute richtet sich unser Scheinwerfer ganz konkret auf Abraham und Sara. Sie stehen für zwei Haltungen, für zwei Modelle des Glaubens: gehorchen und vertrauen.
Ich werde nun beide Haltungen im o. g. Sinne erläutern und bebildern. Horchen erscheint als eine aktive Form des Filterns unter all den Appellen und Aufforderungen, die uns täglich erreichen. Ge-horchen heißt dann: die Stimme Gottes heraushören und ihr folgen. Dafür brauchen wir einander auch als kritisch Nachfragende. Wir hören sonst zu gern, was wir hören möchten. Vertrauen schildere ich als Haltung, die aus konkreten guten Erfahrungen herauswächst und gleichzeitig mehr für möglich hält als das, was ich bisher in meinem Leben kennen gelernt habe. Gott vertrauen heißt: über mich hinauswachsen. Auch dafür brauchen wir einander als Gemeinde, um nicht Gottes Verheißung mit unseren Wunschvorstellungen zu verwechseln.

Möglicher Schluss

Wir sind Abraham. Wir sind Sara. So sagt unser Glaube. Wirklich?, fragt unsere Skepsis.

Wir werden ja sehen, sagt unser Glaube. Wir wollen nicht darauf hoffen, dass in unserer Gemeinde und in der Kirche alles bleibt, wie es ist. Sondern wir wollen hoffen, dass wir uns weiterentwickeln. Wir wollen nicht fürchten, dass alles kleiner, schwieriger und schlechter wird. Sondern wir erwarten, dass Gott weiterhin mit uns unterwegs ist und uns, diese Gemeinde und die ganze Kirche verändert. Wenn unsere Skepsis dann den Kopf wiegt und spricht: Das schaffen wir nicht! Dann antwortet der Glaube: Das stimmt. Aber Gott kann es – mit euch.

Symbole, Aktionen

Als Übung des Horchens und Heraushörens kann die Orgel ein bestimmtes Register vorstellen. Im anschließenden Stück lautet die Frage: Ist das Register dabei oder nicht? Gleiches ist möglich mit Bandinstrumenten.

Kontexte

Unser ganzes Bild von Wirklichkeit ist nichts anderes als Glaube. Sogar, wenn wir »ich« sagen, glauben wir, wir wüssten, wovon wir reden ... Das Wort »glauben« ist sprachlich verwandt mit dem Wort »verloben«. Eine Verlobung sollte man erst nach sorgfältiger Prüfung der Fakten und Gegebenheiten treffen – aber aus anderen Gründen!
(Klaus Douglass, Glaube hat Gründe, Stutgart 1994, S.177)

Hoffnung beruht auf Mangel an Information.
(Heiner Müller)

Hoffnung ist die Fähigkeit, die Musik der Zukunft zu hören. Glaube ist der Mut, in der Gegenwart danach zu tanzen.
(Peter Kuzmic)

Die Hoffnung, die das Risiko scheut, ist keine Hoffnung ...Hoffen heißt, an das Abenteuer der Liebe glauben, Vertrauen zu den Menschen haben, den Sprung ins Ungewisse tun und sich ganz Gott überlassen.
(Dom Helder Camara)

Themen und Motive

Die Autorinnen und Autoren

Pfarrer Oliver Böß, Mackenbach; Pfarrerin Christiane Borchers, Moormerland; Pfarrer Stefan Claaß, Mainz; Pfarrer Erhard Domay, Landau; Pfarrer Klaus Eulenberger, Rellingen; Pfarrer Dr. Lutz Friedrichs, Hemmingen-Arnum; Pfarrer Klaus Guhl, Flensburg; Pfarrer Ulrich Haag, Aachen; Pfarrerin Cornelia Hankel, Langgöns-Cleeberg; Pfarrerin Claudia Kettering, Kaiserslautern; Pfarrer Dr. Matthias Kreplin, Schmieheim; Pfarrer Claus Marcus, Teltow; Pfarrerin Elisabeth Müller, Essen; Stud. theol. Timo Schmidt, Zweibrücken; Pfarrer Frank Schuster, Kaiserslautern; Pfarrer Dr. Christian Schwarz, Aglasterhausen; Pfarrerin Dr. Roselies Taube, Lübeck; Pfarrer Thomas Waldeck, Darmstadt; Pfarrerin Gerlinde Wnuck-Schad, Landau; Pfarrer Helmut Zeilinger, Freiburg; Pfarrer Andreas Zeuschner, Berlin